청소년
퍼실리테이션 입문

박점식 양혜진 안창호 권태남 전준성
김향란 박승오 정득진 오순옥 안만호

🔵 한국청소년퍼실리테이터협회

공감과 소통 시리즈 1

 둘셋손잡고
HAND-IN-HAND

「청소년 퍼실리테이션 입문」 발간에 붙여

신 좌 섭[1]

이 책을 집필한 한국청소년퍼실리테이터협회의 창립회원들을 처음 만난 것은 약 5년 전인 2016년 1월경이었던 것으로 기억한다. 우리 사회 청소년들의 인성교육에 관심을 가진 분들 1백여 명이 참석한 조찬 모임에 필자가 초대를 받아 '공감과 소통의 청소년 리더십'이라는 주제로 강의를 한 것이 만남의 계기가 되었다.

이 강의에서 필자는 "우리 사회를 근본적으로, 더 나은 곳으로 변화시키기 위해서는 평화롭고 지혜로운 대화를 이끌어내는 퍼실리테이터를 10만 명 정도 양성하여 사회 곳곳에 진정한 대화의 장이 열릴 수 있도록 해야 한다. 우리의 미래를 열어갈 청소년들이 모두 퍼실리테이터로서의 역량을 갖추도록 하고 싶다"는 다소 무모한 발언을 했는데 반응은 의외로 뜨거웠다.

입시를 위한 무한경쟁, 부모를 포함한 기성세대와의 대화단절, 서로 다른 계층에 속한 친구들 간의 괴리감, 학교에서의 따돌림, 사회적 소통의 결핍, 자극적이고 퇴폐적인 대중문화, 세상에 대한 부정적이고 절망적인 시각을 부추기는 미디어…… 그리고 이로 인한 방황과 좌

---

[1] 국제퍼실리테이터협회 인증퍼실리테이터. 한국퍼실리테이터협회 인증 퍼실리테이터. 2008년경부터 국내외에서 참여적 대화를 조직하는 일에 앞장서고 있고 2020년 현재 한국퍼실리테이터협회 회장이다. 서울대학교 의과대학에서 의학교육학을 가르치고 있다.

절, 삶의 의미에 대한 회의와 냉소 등, 우리 사회를 이끌어가야 할 미래세대의 어두운 삶에 대한 근심과 걱정으로 모인 이분들은 '공감과 소통의 대화'야말로 청소년들의 미래를 밝혀 줄 수 있는 진정한 토대가 될 수 있다고 생각하였다.

물론 이분들에게 실천적인 대안이 없었던 것은 아니다. 이분들은 올바른 가치관과 도덕을 잘 가르치면 청소년들이 흔들림 없이 미래를 열어나갈 것이라는 전통적 전제 위에 많은 활동을 하고 있었다. 이것은 당연히 옳은 생각이지만, 이 같은 전통적 접근으로는 새로운 세대에게 다가가기 힘들다는 한계를 이분들은 이미 경험적으로 알고 있었던 것으로 기억한다.

조찬 모임 이후 이어진 대화에서 우리는 관심 있는 어른들이 먼저 '공감과 소통의 대화'를 이끌어내는 기법, 즉 퍼실리테이션(Facilitation)을 익힌 뒤에 학생들에게 꼭 필요한 내용들을 선별하여 교육할 필요가 있다는 데에 뜻을 모았다. 「청소년 퍼실리테이션 입문」이라는 제목의 이 책은 이 같은 배경에서 탄생하였다.

조찬 모임 몇 개월 뒤인 2016년 봄, 교육 장소의 임대료와 숙박비를 절약하기 위해 경기도 안산의 어느 찜질방, 서울 서소문 인근 재개발 지역의 낡은 교회 등을 전전하며 1박 2일 퍼실리테이션 기법 교육을 했던 기억이 새롭다. 이렇게 여러 곳을 돌아다니면서 익힌 것이 이 책의 뒷부분에 소개되어 있는 '공감대화, 창의대화, 이미지 바꾸기, 실행계획' 등의 기법들이다.

그해 여름 무렵, 퍼실리테이션의 기본 기법을 익힌 20여 명의 창립회원들이 배출되었고 이분들은 전·현직 교장선생님들의 지원을 받아 초등학교, 중학교, 고등학교 학생들에게 퍼실리테이션을 전파하는 일을 시작했다. 「청소년 퍼실리테이션 입문」과 함께 자매편으로 출판되는 「청소년 퍼실리테이션 활용」편은 이처럼 학생들에게 퍼실리테이션을 교육하는 과정에서 산출된 결과물과 노하우를 토대로 만들어졌다.

청소년을 대상으로 한 퍼실리테이션 교육의 보람과 의미를 발견한 이분들은 학교 대상의 활동에 멈추지 않고 어려움을 겪고 있는 부적응 학생들에게 퍼실리테이션을 전파하는 일을 해왔으며, 멀리 미얀마 농촌지역의 학생들에게도 퍼실리테이션을 가르치는 일을 해왔다.

이 책에 소개되어 있는 퍼실리테이션의 철학과 기법들은 필자가 2009년 봄 캐나다의 ICA-Associates (Institute of Cultural Affairs)라는 세계적인 퍼실리테이션 기관에서 전수받은 '참여의 테크놀로지(Technology of Participation)[2]'와 ICA가 청소년들을 대상으로 개발한 '청소년 퍼실리테이션 리더십(Youth as Facilitative Leaders: YFL)' 프로그램을 밑바탕으로 하고 있다.

아무쪼록 이 책이 「청소년 퍼실리테이션 활용」편과 더불어, 청소년 퍼실리테이션의 전파에 기여하여 청소년들의 미래를 밝히는 데 큰 도움이 되기를 기원한다.

2021년 1월 대학로 연구실에서

---

[2] 국내에서 참여의 테크놀로지를 가르치는 상설 기관으로는 ICA-Associates 와 계약을 체결한 ORP 연구소가 있다.

목 차

Part 1

청소년 퍼실리테이션 이해

"경험해 보지 않은 것이 익숙한 것보다 낫고, 드문 것이
평범한 것보다, 실험적인 것이 상투적인 것보다 낫다."
— 피터 게이의 모더니즘 중에서 —

우리나라 사람들이 흔히 쓰는 단어 중에 '식구(食口)'가 있다. 가족 구성원을 뜻하지만 문자적 의미로는 밥을 함께 먹는 사람이란 뜻이다. 우리 문화에는 밥을 함께 먹는 것으로 인간관계의 척도를 나타내며 나아가 공동체의 건강성을 표현하기도 한다.

식구가 되기 위해 함께 밥을 먹을 수 있는 관계를 만들어야 하며 밥을 먹는 식구가 확장되어 사회를 이루고 나아가 국가를 형성한다. 건강한 국가와 사회가 되기 위해 밥을 함께 먹을 수 있는 식구 즉 가족과 같은 친밀한 관계가 형성이 되어야 한다. 친밀한 관계를 형성하기 위해 필요한 것이 무엇일까? 가정이 화목하기 위한 여러 요인들이 있지만 가장 중요한 것은 공감과 소통이다. 다양한 사람들이 모이는

사회 또한 건강하려면 공감과 소통이 필요하다.

공감과 소통은 가정, 학교, 직장, 국가 등 모든 조직에서 가장 중요하다. 신체에 있어서 모세혈관까지 피가 잘 통해야 건강하듯 모든 공동체에서 공감과 소통이 잘 이뤄져야 하는데, 현대 사회는 빠르게 변화하고, 복잡하고 다양한 이해관계들이 충돌하는 시대이다. 이런 시대에 공동체내에서, 조직과 조직 간에 원활한 공감과 소통을 이룰 수 있는 방법은 무엇이 있을까? 우리 시대에 공감과 소통의 방법으로 가장 적합한 것이 퍼실리테이션이다.

1. 퍼실리테이션의 개요

1) 퍼실리테이션

퍼실리테이션(facilitation)의 사전적 의미는 사용하기 쉽게 함, 편리화, 촉진 조장이며, 동사 facilitate는 '촉진하다', '도움을 주다', '소통하다'는 뜻을 갖고 있다. 어원은 라틴어 Facile에서 왔으며 "to make easy(쉽게 만드는 것)"의 속성을 지니고 있다.

집단 구성원 간의, 혹은 집단 간의 소통과 협력을 쉽게 만드는 것이 퍼실리테이션이다. 즉 퍼실리테이션은 사람들 사이에 소통과 협력이 활발하게 일어나 시너지가 생기도록 도와주는 행위이고, 이런 일

을 하는 사람을 퍼실리테이터(facilitator)라고 한다.[1]

2) 퍼실리테이션의 역사

퍼실리테이션의 역사가 언제부터 시작되었다는 구체적인 기록은 없다. 퍼실테이션의 의미를 넓게 보았을 때 집단의 문제 해결, 집단 의사 결정, 집단의 긍정적인 변화의 관점으로 볼 때 인류가 공동체를 형성한 부족 사회를 기원으로 볼 수 있다.

집단을 이루는 순간 다양성이 표출되고 다양성으로 인한 갈등, 문제들이 생길 수밖에 없다. 결국 집단이 발전하기 위해서는 갈등, 문제 해결을 위해 다양한 의견을 합의해야만 했다. 다양한 의견을 합의함으로 집단의 발전을 거듭하여 왔는데 이 과정을 퍼실리테이션이라 말할 수 있다.

집단의 발전 속에 나타난 퍼실리테이션을 살펴보면 그리스·로마 시대의 시민 참여와 공화정, 소크라테스의 문답식 대화법에서 퍼실리테이션의 모습을 볼 수 있다.

우리나라에서는 세종대왕의 통치 방법에서 퍼실리테이션의 모습을 볼 수 있다. 세종대왕은 '토론의 군주'로 불릴 만큼 회의에서의 성과에 집착했고 소통을 중시했다. 세종대왕이 즉위하자마자 한 첫마디가 '의논하자'였다. 세종대왕은 실용주의자로서 실제 사례 연구를 통해 현실에서 실현 가능한 정책을 생산해 내기 위해 협력과 창의적 아이디어의 필요성을 절감해 일종의 TF팀인 '도감'을 만들어 빠르게 실행했고 성과가 나면 받아들였다.2) 그는 다양한 의견을 듣고 그 의견을 모아 일을 추진한 퍼실리테이터였다.

현대적 의미의 '퍼실리테이션(facilitation)'은 1940년대에 미국과 영국에서 제도화되고 이론적인 발전을 했다. 미국에서는 MIT의 집단 역동연구센터(Research Centre for Group Dynamics)와 그 후신인 국립응용행동과학훈련실험연구소(National Training Laboratories Institute for Applied Behavioral Science), 영국에서는 타비스톡연구소(Tavistock Institute)와 로페이파크연구소(Roffey Park Institute)가 퍼실리테이션 발전의 중심적인 역할을 했다.3)

70~80년대에는 미국과 영국에 공식 교육 과정이 개발되었다. 1978년 영국 서레이대학교의 '퍼실리테이션 방식 과정(비 학위)', 미국 MIT NTL의 '조직개발 석사과정', 1986년 ICA(문화문제연구소)의 교육 과정인 '참여의 기술(Technology of Participation)' 등이 그것이다.4) 20세기 후반부터 비즈니스 교육, 치료 분야에서 사용되기 시작하였다. 비즈니스 분야에서의 퍼실리테이션은 1970년대 중반부터 미국을 중심으로 시작되었으며 주로 효과적인 미팅 진행을 위해 도입되었다. GE, HP, IBM, 듀폰 등과 같은 기업들은 미팅에서 퍼실리테이션의 활용이 이미 일반화되어 있으며 관리자를 퍼실리테이터로 양성하기 위한 활동도 활발히 이루어지고 있다.

1994년에는 퍼실리테이터들의 정보 교환, 전문성 개발, 트렌드 분석 및 네트워킹을 위해 국제퍼실리테이터협회(The International Association of Facilitators: 이하 IAF)가 조직되었다. 이후 IAF는 꾸

준히 성장하여 현재는 63개국에서 1,500명이 넘는 회원을 거느리고 있다. IAF에 속한 퍼실리테이터들은 정부부처, 비영리기관, 교육, 기업 등의 조직에서 컨설턴트, 교사, 사내 퍼실리테이터, 협상가, 조직전문가, 코치 등의 다양한 역할을 맡고 있다.

2. 청소년 퍼실리테이션의 개념

청소년 퍼실리테이션은 청소년과 관련된 모든 사람들 간의 공감과 소통을 디자인하고, 참여를 통한 학교 자치 및 민주 시민을 양성하여 이상적인 시민 사회를 실현해 나가도록 촉진하는 과정이다. 자신과는 다른 경험과 가치관을 가진 다양한 구성원들이 서로를 존중하고 소통으로 집단 지성을 이루어 합의를 이뤄가도록 촉진한다.

청소년 퍼실리테이션의 특성

청소년 퍼실리테이션은 공감, 소통, 합의, 결정, 참여, 평등, 평화로운 공동체 조직, 상호 인격적 존중 등의 특성을 내포한다.

즉, 청소년 퍼실리테이션의 본질적인 속성은 모든 사람들의 잠재적 가능성을 인정해 주는 상호 존중, 다양성을 인정하며 모든 참여자들의 적극적인 참여를 조장하는 조건 없는 평등적 참여, 창조적인 의사소통을 전체과정에서 온전하게 실현하는 합의적 의사 결정, 공감과 소통을 통한 평화로운 공동체 조직 등을 들 수 있다.

청소년 퍼실리테이터는 그룹 토론의 내용에 관여하지 않으나 절차를 이끌어간다. 다른 사람을 억압하거나 강제하지 않는다. 청소년 퍼실리테이션에 참여하는 모든 사람은 동등하게 말할 권리가 있으며, 대화와 의사 결정에 참여할 수 있다. 개인의 고유한 가치, 그룹 공동의 지혜, 협력, 선택, 합의는 퍼실리테이션의 전제가 된다.

유능한 청소년 퍼실리테이터는 개개인의 가치를 인정하고, 개발하고, 표현할 것을 촉진하며, 다른 사람들과의 상호 작용을 통해 공동의 목표를 향해 함께 노력하는 집단의 일원으로 인식하도록 돕는다.

3. 청소년 퍼실리테이션의 목적

청소년들이 공동체 안에서 서로 존중하며 행복한 개인의 인생을 설계하고 나아가 정의롭고 공평한 사회로 발전시킬 수 있는 사람이 되도록 돕는 것이 청소년 퍼실리테이션의 기본 목적이며, 이에 따라 개인 차원과 학교 자치 차원 그리고 국가 사회 차원으로 나누어 살펴볼 수 있다.

1) 개인 차원의 목적

청소년 퍼실리테이션은 개인적으로 자아실현의 완성을 목적으로 자신의 가능성을 극대화하고 행복한 삶을 영위할 수 있도록 최선을 다해 돕는 과정이다.

즉 생동감 넘치는 청소년다운 삶을 살아가도록 지원하여 청소년으로 하여금 정체성의 명확한 확립과 자기완성을 향해 나아가도록 적극적으로 돕는 활동이다.

2) 학교 자치 차원의 목적

청소년 퍼실리테이션의 목적은 학교 자치의 효과성을 가장 높일 수 있는 방향을 유지하며, 학교의 모든 구성원의 능동적 참여를 조성하여 공감과 소통, 합의를 통하여 온전한 학교 자치를 실현해 내도록 함으로 교육의 목적인 민주 시민 교육을 성취하도록 돕는다.

3) 국가 사회 차원의 목적

청소년은 미래 사회의 주인공으로서 국가 사회 발전의 핵심인력들이다. 국가의 미래 발전 수준을 가늠할 총체적 역량을 준비해야 할 위치에 있는 시기이다.

미래 시대에 알맞은 창의력과 융합 능력과 창조적 문제 해결력 등의 핵심 역량을 갖춘 우수한 인재 양성을 위해 퍼실리테이션의 활용이 반드시 있어야 한다.

4. 청소년 퍼실리테이션의 필요성

1) 청소년 행복

　사회를 충격에 빠뜨리는 청소년 관련 뉴스를 종종 보게 된다. 인성의 문제이다. 인성의 심각성을 알고 교육부에서 인성 덕목을 정하고 인성 교육 강화를 교육의 방향으로 삼았다. 그러나 인성 교육을 실현하기에 우리의 교육은 구조적으로 어렵다. 학교 교육의 기본 방향은 입시이다. 입시에 초점이 맞춰져 입시의 결과로 학교의 우열을 가린다. 인성 교육 강화를 위한 새로운 방법이 필요하다. 공감과 소통의 퍼실리테이션이 인성 교육의 탁월한 도구이다.

2) 학생 자치

　청소년들은 학교에서 시간을 가장 많이 보낸다. 학교가 평화롭고, 행복하고, 건강한 곳이라면 청소년의 많은 문제가 해결될 것이다. 그런데 학교는 가고 싶은 곳이 아니라 가기 싫은 곳이다. 학교 내의 왕따, 폭력, 입시 경쟁 등 행복한 공간이 아니다.

　학교생활이 행복하려면 학생 자치가 필요하다. 학교 자치를 위해서는 소통과 협력이 필요하다. 소통과 협력은 쉽게 일어나지 않는다.

학교 내에서도 학생들 간의 이견, 자기주장, 경쟁, 갈등과 분쟁으로 가득하다. 이런 일들이 쉽게 해결될 수 있다면 학교는 학생들이 가고 싶은 학교가 될 것이며 학부모는 보내고 싶은 학교가 될 것이다. 교사들은 보람을 가지고 가르칠 것이다. 이런 학교를 만들 수가 있는 가? 쉽지는 않겠지만 퍼실리테이션은 이것을 가능하게 한다.

3) 민주 시민 사회

우리나라는 세계에서 유래 없는 짧은 기간에 경제 성장과 민주화를 이루어 내었다. 원조받는 나라에서 원조하는 나라로 급속히 발전하였다. 경제 성장과 민주화로 성숙한 시민 사회로 나아가야 하는데 도리어 선동적이며 과격한 방법으로 이익을 관철시키려는 양상을 자주 보게 된다. 또한 우리 사회는 이념과 계층 간의 갈등이 점점 심해지고 있다. 소통이 되지 않고 합의가 실종되어 극한 의견 대립의 모습을 정치, 사회, 경제 등 다방면에서 볼 수가 있다.

성장과 함께 우리 사회는 대립과 갈등이 아니라 자유롭고 온전한 민주주의가 실현되어 더불어 살아가는 세상을 만들어야 한다. 그러기 위해서는 각 조직 간의 소통이 필요하고 나아가 합의를 이루는 성숙한 시민 사회로 나아가야 한다. 성숙한 시민 사회가 되기 위해서는 사회 구성원들이 성숙한 민주 시민이 되어야 한다.

민주 시민의 역량을 배양하는 시기가 청소년기이다. 학교 현장에서 이뤄져야 한다. 학교에서 민주 시민으로서의 경험과 배움이 필요하다. 민주 시민의 자세를 공감과 소통, 그리고 참여와 합의 과정인 퍼실리테이션을 통해 배울 수 있다. 청소년 퍼실리테이션을 통한 민주 시민으로서의 경험은 성인이 되어 사회 구성원으로서 각자 삶의 자리에서 역량을 발휘하여 더불어 살아가는 세상을 만들 수 있다.

그러므로 청소년의 인성 강화와 학교 자치, 그리고 민주 시민을 길러 내기 위해 청소년 퍼실리테이션이 필요하다.

Part 2

청소년기의 퍼실리테이션

> "어른들은 누구나 처음엔 어린이였다. 그러나 그것을 기억
> 하는 어른은 별로 없다."
>
> -앙투안 드 생텍쥐페리-「어린 왕자」

    요즘 유행어 중에 '라떼는 말이야'가 있다. 기성세대가 주로 청소
년들에게 훈계 및 경험을 이야기 할 때 사용한다. 어른들은 청소년들
이 철없어 보이고 부족해 보여 올바른 길로 이끌어야 한다는 마음으
로 자기 경험을 토대로 이야기를 한다. 그러나 이를 듣는 청소년들은
속된 말로 "라떼는 말이야"라고 하는 기성세대를 꼰대라고 말한다.[5]

    기성세대들은 청소년들보다 먼저 태어났고, 인생 경험이 더 풍부
하고, 더 많은 사람을 만나 봤으며, 이미 철들 시기를 보냈다. 반면
청소년들은 인생 초보이자 성장과 성숙이 아직 더 필요할 뿐이다. 청
소년기는 성장하고 성숙해가는 과정이다. 기성세대 또한 미숙한 청소
년기를 보냈음을 잊지 말아야 한다.

기성세대가 청소년들에게 꼰대가 되지 않고 좋은 인생의 롤 모델이 되기 위해서는 청소년들에 대한 이해가 필요하다. 특히 청소년들에게 자기완성과 민주 시민의 역량을 함양하도록 돕는 퍼실리테이터들은 누구보다 청소년들과 공감하고 소통해야 한다. 온전한 공감과 소통을 하기 위해 청소년에 대한 이해가 필수적이다.

1. 인지적 발달기의 퍼실리테이션

청소년기는 양적 질적으로 인지 능력이 발달한다. 인지란 자극을 받아들이고, 저장하고, 인출하는 일련의 정신 과정이며 지각, 기억, 상상, 개념, 판단, 추리를 포함하여 무엇을 안다는 것을 나타내는 포괄적인 용어로 정의할 수 있다. 개인의 노력과 환경 여건에 따라 발달의 차이가 있으며 추상적 사고, 논리적 사고, 조합적 사고, 이상적 사고 등 청소년기에는 질적으로 다른 인지적 능력을 획득하고 양적으로 변화할 수도 있다.

사람이 어떻게 지식을 구성하며 그 지식을 활용하는가에 관한 인지적 발달을 포괄적으로 설명한 대표적인 학자로 피아제(Piaget)가 있다. 그는 인간이 아주 원초적인 지적 구조(유전)만 가지고 태어나는데, 그 후 환경에 적응해 가기 위해 상호 작용하면서 자신의 인지구조를 변형시키고 정교해져 간다고 말한다. 그는 조직, 적응, 동화, 조절 등의 생물학적인 개념을 심리학에 도입하여 인지 이론을 정립하였다. 피아제는 인지 발달 단계를 감각 운동기(출생 후 약 2세까지), 전 조작기(2세부터 6~7세 무렵까지), 구체적 조작기(7세부터 11~12세 무렵까지), 형식적 조작기(11세부터 15세 사이에 시작)와 같이 4단계로 보았다.

그는 형식적 조작기에 구체적으로 수행해 보지 않더라도 잠재적으로 정신적 표상을 적용해 사고할 수 있고, 다양한 변화 가능성이 협응해 더 높은 수준의 사고를 가능하도록 한다고 보았다. 따라서 이 시기의 사고 특성으로 가상적인 것에 대해 논리적으로 사고할 수 있다. 또 여러 가설을 생성하고 모든 가능성을 체계적으로 검증할 조합적 분석이 가능하다. 가설을 연역적으로 사고할 수 있게 된다고 보았다.[6]

이런 의미에서 본다면 청소년기에는 현실 지향에서 가능성 지향으로 사고가 바뀌는 시기라고 할 수 있다. 가능성 지향 사고는 어떤 문제에 직면할 때 틀에 박힌 사고만으로 해결하는 것이 아니라 여러 측면에서 대안을 마련해 해결하는 원동력이 되는 것을 말한다.

형식적 조작기에 해당하는 청소년들은 다음과 같은 사고가 가능하다. 추상적 개념에 대한 사고로서 청소년들은 구체적 사물에 한정되지 않고 추상적 개념을 다룰 수 있다. 또 관찰 가능한 세계와 가능성의 세계 모두에 대해 흥미를 나타낸다. 가능성에 대한 사고로서 청소년들은 현실보다는 가능성의 세계를 중요시하므로 가설적 사건을 다룰 수 있고, 사실과 반대되는 가정을 수용할 수 있다.

또한 청소년들은 사고에 대한 생각이 가능하다. 상위인지(上位認知) 능력으로 사고 과정 동안 자신의 인지 활동을 모니터하는 것을 의미한다. 상위인지 능력의 형식적 조작 능력이 세련되어감에 따라 정치, 종교, 도덕, 이념 문제 등으로 청소년기의 사고는 확장되므로 정체감 획득이 쉬워진다.[7]

청소년기에 다차원적 사고 능력이 나타나며, 여러 가지 차원들을 동시적으로 사고하면서 문제를 해결해 나간다. 그리고 상대주의적 사고가 발달한다. 이 시기가 퍼실리테이션을 이해하고 수용하기에 가장 적합한 시기이다. 퍼실리테이션은 청소년기의 인지적 특징인 추상적 사고와 논리적 사고, 가능성에 대한 사고의 능력을 향상시킨다. 능력의 향상은 문제 해결 및 합리적, 대안적 의사 결정을 하도록 이끈다. 또한 퍼실리테이션은 청소년기에 가지는 인지적 편견을 해소한다.

공감과 소통을 통해 자기중심성에서 벗어나 타인에 대한 이해와 배려를 하게 된다. 참여와 합의의 과정을 거침으로 상상속의 자신과 인지적 편견에서 해방될 수가 있다.

2. 정서적 발달기의 퍼실리테이션

청소년기는 성년기에의 과도(過度)기로 부적응의 시기라고 일컬어질 정도로 정서적으로 불안정한 시기이다. 이른바 질풍노도의 시기라고도 한다. 청소년의 정서는 수시로 변화하며 예측하기 어려운 경향이 있다. 예를들어 행복하고 자신감에 넘쳐 있던 청소년이 갑자기 열등감과 우울증에 빠지며, 아무도 알지 못하는 문제에 사로잡혀 혼자 고민하면서 많은 시간을 보내기도 한다.

자신의 힘으로 할 수 없다고 판단할 때 스스로 포기하기도 한다. 또한 친구들과 어울려 방황하며 즐거운 시간을 갖기도 하며, 고독감에 빠져 슬퍼하기도 한다.

정서는 모든 행동의 기초로써 행동의 표출 방법과 방향을 규정하고 더 나아가서는 모든 정신생활을 지배하게 된다. 따라서 심리로서의 정서는 가장 근본적인 자아 체험이며 특히 청소년기는 각종 생활 감정이 발달하므로 더욱 심리적인 문제가 심각하게 나타난다.[8]

또한 청소년 중 일부는 자신의 감정을 통제하거나 조절할 수 있는 능력이 부족하다. 호르몬이나 내분비샘의 발달들이 감정을 통제하지 못하는 주요인이 된다.

청소년들은 화가 났을 때 그것을 즉시 표현하며 흥분되는 일이 있을 때 자신의 느낌을 감추지 못하는 때가 많다. 이 시기의 청소년들은 자기의 감정에 따라 움직이기 때문에 자기가 경험한 모든 느낌을 외부로 발산한다. 화가 나는 일이 생기면 그것을 즉시 표출함으로 자기를 화나게 만든 사람에게 똑같이 되돌려 주려 한다. 그리고 다른 사람에 대하여 강한 질투심이나 시기심을 갖기도 하며, 개인적인 성취에서 느끼는 기쁨도 클 뿐 아니라 애정 또한 강해지기도 한다.

이 시기에는 그동안 의존해 왔던 부모에게 벗어나 외부 지향적으로 변화하며, 그로 인해 가족 구성원 밖에서 애정을 쏟을 대상을 찾는다. 보편적으로 또래 집단과 유대 관계를 맺음으로 자기 동일성을 형성해 나간다. 이때 교우 관계가 깊어지고 이성 관계의 성립으로 생활 공간이 확대되며, 사회적 이해도 높아지게 된다. 따라서 청소년기는 가정과 학교와 사회에서 효율적인 대화를 통해서 상호 신뢰하는 관계를 유지한다. 서로의 경험 세계를 이해할 수 있도록 공감대를 넓혀 주어야 할 필요가 있는 시기이다.

에릭슨은 이 시기를 중요한 시기로 보았다. 이는 자아 동일성의 최종 결합을 하기 전에 여러 가지 가능한 자아를 실험해 보는 기회를 제공해 주기 때문이다. 이러한 자아 실험의 기회를 통해서 청소년은 자아를 표현하면서 자아의식을 형성해 간다. 또한 그것을 바탕으로 하여 이상을 형성하고 생활 태도를 습득하게 된다.

그리고 성인기에 요구되는 여러 가지 사회적 요구와 역할의 변화를 겪게 된다. 타인에 대한 자신의 의미와 과거의 지속적인 경험이 결합하여 자아 정체감이 형성되는 시기이다.9)

퍼실리테이션은 정서적 혼란을 겪는 청소년들에게 공감 능력을 향상시킨다. 자신과 타인에 대한 이해를 깊게 하며 자신의 표현력을 길러 주어 정서 발달에 크게 기여할 수 있으며, 정서적 안정감에도 도움을 준다.

3. 영성 발달기의 퍼실리테이션

청소년기는 추상적 개념에 대한 사고, 가능성에 대한 사고를 할 수 있는 시기이다. 이 시기의 중요한 발달 과업 중에 하나는 자아 정체감이다. 이들은 지적·사색적 사고를 시작하여, 삶에 대한 많은 의문을 제기한다.

청소년들은 '나'에 몰두하며 성인에게서 자립하여 '나'를 만들기 위해 노력한다. 이들의 "나는 도대체 누구인가?", "나는 무엇인가?", "사회 질서 속에서 나의 위치는 어디인가?", "나는 어떻게 살아야 하는가?", "내 삶의 정열을 어디에 불태울 것인가?"라는 물음은 모두 정체성 형성을 향한 것이다. 청소년들에게 '긍정적 자아상'을 형성하도록 돕는 것이 영성이다.

21세기는 영성의 시대다. 사회문화 전반에서 영성에 관한 이야기가 대유행이다. 물질문명이 고도화될수록 사람들은 정신적인 영적세계에 더 목말라한다. 세계적인 미래학자인 워싱턴대의 윌리엄 교수는 "정보화 시대는 막을 내리고 지식 이상적 가치와 목표를 중시하는 영성 시대가 올 것이다."라고 예견했다. 앨빈 토플러와 패트리샤 애버딘은 "21세기는 제5의 물결 '영성 시대'로 패러다임이 바뀌고 있다."라고 진단했다.10)

영성은 라틴어 Spiritus(Spirit)로부터 유래했으며 사전적 의미는 영적, 정신적 경향이다. 인간은 몸, 마음, 영혼이 서로 불가분의 관계 속에서 유기적으로 밀접히 관련되어 있으며 상호 영향을 주고받는 독특한 존재다. 따라서 한 영역의 변화는 다른 영역에 영향을 미치는데, 인간의 영적 차원은 개인이 신체적, 정신적 세계에 직접적으로 중요한 요소로 작용한다.11)

아리스토텔레스는 영혼에 대해 매우 분석적으로 접근했다. 그는 한 영혼을 인간, 동물, 식물 3가지 수준으로 구분했다. 식물, 동물, 인간 모두에게 적용되는 영양 섭취 능력, 동물과 인간에게 적용되는 감각 능력, 오직 인간에게만 적용되는 사고력으로 단계를 구분했는데, 이것이 바로 아리스토텔레스적 영(Spirit)의 개념이다. 오늘날 영성이 의식 수준이나 의식 스펙트럼으로 분석되어 정의되는 데 그 기초를 제공하고 있다.12)

융(Jung, 1938)은 모든 인간 문제는 영적이며 영적 자각이나 영적 고통에 관한 문제를 설명하지 않으면 인간을 위한 정신적, 심리적 치유가 불가능하다고 주장했다. 그는 지적, 도덕적 통찰만으로 인간 딜레마를 설명하는 것이 불충분한 것은 인간은 이성적, 사회적 존재일 뿐만 아니라 분명히 영적 존재이기 때문이라고 주장했다.13)

매슬로우(Maslow, 1971)는 인간의 욕구 단계 이론에서 영성을 발달시키려면 가장 기본적인 신체적 욕구가 먼저 충족되어야 한다고 주장했다. 생리적 욕구, 안전 욕구, 애정과 소속 욕구, 자아존중감 욕구, 인지적·심미적 욕구, 자아실현 욕구처럼 각 단계에 따른 욕구가 단계별로 충족되어야 더 높은 이상을 향해 나아갈 수 있다고 주장한 것이다.14)

퍼실리테이션 공감을 통해 청소년이 일상 속에서 자신이 처한 환경과 상황을 긍정적으로 바라보고 극복할 수 있도록 일깨워 주는 영성 발달에 기여할 수 있다. 퍼실리테이션 공감을 통해 자신이 처한 사회적 상황이 자신은 물론 우리 모두와 어떻게 연결되어 있는지 명확히 인식하는 것으로, 이러한 상호 연관성을 깨달을 때 비로소 자신이 처한 상황을 인식하고 받아들일 수 있다.

퍼실리테이션 공감과 소통 능력은 자신이 처한 환경을 인식하고 받아들일 때 비로소 적응하며 살아갈 수 있고 긍정적인 자아 개념을 형성하여 영성을 향상시킬 수 있다.

4. 청소년 문화와 퍼실리테이션

인간은 특정한 집단을 이해할 때 그들의 문화를 살펴보아야 한다. 문화 속에 그들의 정신, 가치, 종교, 철학, 예술, 도덕, 법규 등 삶의 정신적, 물질적인 모든 것이 다 포괄되어 있다. 문화는 삶의 모든 생활의 모습을 보이기 때문이다. 그러므로 청소년을 이해하기 위해서는 그들의 문화를 알아야 한다.

문화는 세계관, 사회사상, 가치관, 행동 양식 등의 차이에 따른 다양한 관점의 이론적 기반에 근거하여 여러 가지 정의가 존재한다. 일반적으로 문화(文化)는 한 사회의 주요한 행동 양식이나 상징체계를 말한다. 인간이 주어진 자연환경을 변화시키고 본능을 적절히 조절하여 만들어낸 생활양식과 그에 따른 산물들을 모두 문화라고 말한다. 문화는 사상, 의상, 언어, 종교, 의례, 법이나 도덕 등의 규범, 가치관

과 같은 것들을 포괄하는 '사회 전반의 생활양식'이라 할 수 있다.[15]

유네스코는 2002년 문화에 대해 '한 사회 또는 사회적 집단에서 나타나는 예술, 문학, 생활양식, 더부살이, 가치관, 전통, 신념 등의 독특한 정신적, 물질적, 지적 특징'으로 정의하였다.

그렇다면 청소년 문화의 정의는 청소년들이 공유하고 있는 청소년 세대 특유의 삶의 방식이다. 청소년 집단 간에 명시적, 잠재적 사회화를 통해 형성되고 이어지는 청소년 세대의 행동 방식과 정신적 지표로 표현하는 유행이다. 예를들어 청소년들 나름대로 쓰는 말 등 겉으로 나타나는 것들이다.

청소년은 대중문화의 소비자이면서 동시에 자신의 문화를 생산해 내는 프로슈머(생산자와 소비자의 합성어)의 특성을 가지고 있다. 문화 생산에 필요한 도구를 갖추었으며, 자신이 생산한 문화를 공유하며 전파시킬 영향력을 지니고 있다.

1) 소비지향성 문화

특별한 생산능력이 없는 그들의 문화는 다분히 소비지향적인 문화이다. 청소년들의 소비가 적극적으로 드러나는 영역은 아이돌의 팬클럽 문화이다. 아이돌 관련하여 감정적 친화와 모방 정도에 머무르고 있는 팬들은 아이돌 문화의 일반적인 모습이다. 청소년의 대다수는 이런 유형의 팬들로 추정된다. 즉 청소년들의 아이돌 수용 수준은 스타의 행위와 의상들을 모방하는 수준으로 소비지향적임을 알 수 있다. 팬클럽의 구성원들은 자신이 좋아하는 스타에 관한 정보를 수집하는 데 강한 집착을 가진다. 그래서 그들은 가능한 한 적극적으로 아이돌과 관련된 상품을 구매한다.16) 예컨대 인기 가수의 팬은 가수의 음반은 물론이고 뮤직비디오, 그에 관한 기사가 실린 잡지, 브로마이드, CD, 가수가 즐겨 사용하는 액세서리 등 다양한 상품을 구매한다. 그들이 입는 옷, 화장품, 신발, 장신구들은 TV나 잡지에 등장하기가 무섭게 팔려나간다.

2) 감각 지향의 문화

요즘 청소년들은 어려서부터 스마트 기기를 잘 다룬다. 그들은 유튜브를 통해 다양한 정보를 습득한다. 유튜브는 재미 그 이상, 학습과 삶의 일부이다. 정보를 찾거나 과제를 할 때 책보다 유튜브를 더 선호한다. 그들은 영상으로 현혹하는 브이로그(Vlog 비디오와 블로그의 합성어)를 선호하며, 이미지도 짤 영상으로 만들어야 흥미를 느낀다. 전화 통화를 할 때도 텍스트 메시지 못지않게 영상 통화를 즐긴다. 그래서 시각 처리와 시각 인식을 관장하는 뇌의 후두엽이 더 발달했고 감각적이다. 무엇인가 생각하기보다는 본능적으로 움직이는 것을 더 좋아한다.17) 어느 곳에서나 음악만 나오면 몸을 흔들면서 춤을 추며 잘 알아듣지 못하는 노래를 흥얼거린다.

상품을 살 때 가성비보다는 첫인상을 중시한다. 상품의 포장이 예쁘지 않으면 그들에게 매력조차 끌지 못한다. 그들은 가격뿐 아니라 디자인과 포장이 중요하기 때문이다.

3) 모방의 문화

청소년기는 개인적 정체감을 달성하고 부모로부터 독립하는 시기이다. 청소년기에 추상적·논리적 사고가 가능해짐에 따라 부모의 한계를 인식하며 따라서 새로운 인간상을 추구하는 과정에서 부모 외의 동일시 대상을 찾아 이들의 가치관, 생활방식, 외모 등을 모방하는 과정을 거친다. 이러한 이유로 청소년기는 부모가 아닌 다른 동일시 대상을 찾게 되는 시기로서 디지털 환경은 아이돌 중에서 대안적인 동경의 대상을 제공한다.

아이돌은 청소년들이 디지털매체 등을 통해 쉽게 접할 수 있는 대상이고, 이를 수용하는 청소년들에게 아이돌은 그들의 정체감 확립을 위한 동일시 대상과 잠재적인 역할 모델로서의 기능을 한다. 그래서 쉽게 아이돌의 태도나 모습을 모방하고 그것에 대하여 비판 없이 자신의 인격으로 복사한다.

대리 만족과 기쁨을 얻으려는 경향이 있다. 뿐만 아니라 자신의 외모나 공부에 대한 열등감을 어떤 스타에게 비춰봄으로 대리 만족을 구하려는 성향이 강하다. 이런 이유로 아이돌에게 열광을 한다.[18]

청소년들이 대중문화를 접하는 것은 부모의 통제권 밖에서 일어나는 일로서 이러한 기회는 청소년들에게 자기표현, 자아 정체감의 형성, 독립심의 획득, 친밀감의 획득에 기반을 제공해 준다.

4) 팬덤 문화

청소년의 문화에는 스타와의 일방적 관계에서 벗어나 팬의 주체적 참여 성향이 뚜렷해지면서 자신들의 문화지대를 창조하고 확장하는데 이를 팬덤(fandom)이라고 부르고 있다.

팬덤이란 용어는 열광적으로 추종한다는 뜻의 'fanatic'과 집단적 증후군이라는 뜻의 '-dom'이 결합된 말로 원래는 특정 대상에게 지나치게 몰두하는 사회적 병리 현상을 지칭하던 말이었다.

이 단어에 새로운 의미를 부여한 이는 John Fiske로 그는 1989년경에 적극적인 대중문화 수용자들을 더 평범한 수용자 층과 구분하기 위해 이 용어를 사용하였다. 그 때부터 이 용어는 청소년 하위문화를 읽는 새로운 키워드로 부각되었다.[19]

5) 스마트폰 문화

청소년들은 스마트폰을 이용하여 자기 자신을 표현하고, 또래 친구들과의 관계를 만들고 유지하며, 게임과 동영상을 즐기고, 가상 및 현실의 캐릭터를 통해 대리만족과 그들만의 새로운 이야기를 만들기도 한다.

모바일 문화의 특징은 개인의 상황과 편의에 따라 동시적 혹은 비동시적으로 소통하는 것이 가능하다. 각자가 선택한 시간에 대화의 시작과 지속을 조절할 수 있다.

학교에서 학원으로, 학원에서 학원으로 끊임없이 쫓기듯 움직여야 하는 아이들의 상황을 고려할 때 모바일 문화는 최적화된 대화 방식 중 하나라고 할 수 있다. 또한 모바일 게임과 웹툰, 동영상, SNS문화는 한정된 시간과 공간이 주어진 청소년들에게 최적의 놀이 환경과 자기표현의 기회를 제공한다.

6) 퍼실리테이션 문화 형성을 위하여

문화는 자연 현상에서 저절로 얻어지는 것이 아니라 사람에 의하여 만들어진다. 문화는 학습되어지고, 행동양식화 되어지면서, 이상적인 행동과 사고, 감정 등을 기준으로 해서 표준을 만들어 사람들의 행동양식을 제한하기도 한다.

소속된 국가, 사회, 학교 등에서 공유되는 것이므로 집단적인 성격을 띠게 되는 것이다.

문화는 전수되어지면서 사람들이 자기의 문화권 내에서는 편안함을 느끼게 하여 쉽게 변하지 않는다. 한 세대에서 다음 세대로 전해짐과 동시에 그 과정에서 변형, 변화 또는 변경되는 과정에서 변화성을 찾아 볼 수 있다. 문화는 소속 집단 사회의 도달 목표이기도 하므로 개인이나 사회에 있어서 가치지향적인 목표로 존재하게 된다. 청소년들이 청소년기에 퍼실리테이션을 접하면서 그 문화가 형성이 되어 간다면, 대한민국의 미래는 대단히 희망적일 것이다.

Part 3

퍼실리테이션의 이론적 배경

랜디포시의 《마지막 강의》 중에 이런 내용이 있다.

'기초부터 알기, 그것은 그레이엄 코치가 우리에게 준 커다란 선물이었다. 기초, 기초, 기초. 대학교수로 있으면서 많은 학생들이 손해를 보면서도 이 점을 무시하는 것을 보아 왔다. 당신은 반드시 기초부터 제대로 익혀야 한다. 그렇지 않으면 그 어떤 화려한 것도 해낼 수가 없다.'

모든 일에는 기초가 튼튼해야 한다. 집을 지을 때도, 운동을 할 때도, 공부를 할 때도, 기술을 배울 때도, 퍼실리테이션도 기초가 잡혀 있지 않으면 아무리 열심히 해도 좋은 결과를 기대할 수 없다.

최근 퍼실리테이션의 방향에서도 도구와 기법 사용에만 치우치고 있는 경향이 있다. 퍼실리테이션의 이론적 배경과 철학을 이해하고 실천할 때 도구와 기법은 더욱 빛을 발할 것이다.

1. 공감

> "빗속에서 벌벌 떠는 사람을 발견했을 때에 '그가 안쓰럽
> 다고 느끼는 감정'이 동정이고, 공감은 '함께 비를 맞고 서
> 있는 듯한 기분이 드는 것'이다."   - 헬렌 리스 -

　알파고와 이세돌의 세기적인 바둑 대결의 결과는 인류에게 큰 충격을 주었다. 인공지능이 인간을 넘어서는 사건이었다. 학자들은 미래는 인공지능과 로봇의 시대라고 말한다.

　한국고용정보원의 보고서에 보면 2025년에는 국내 일자리의 69%가 로봇과 인공지능으로 대체 될 것이라고 보았다. 인간은 인공지능의 방대한 정보처리 기능을 따라가지 못하며 지치지 않는 로봇과 경쟁할 수가 없다. 그러나 인공지능과 로봇이 넘보지 못하는 것이 있는데 바로 인간의 공감 능력이다.

　퍼실리테리션에서 가장 중요한 요소가 공감과 소통이다. 제레미 리프킨은 그의 명저『공감의 시대』에서 21세기를 '공감의 시대'라고 정의하면서, 인류는 생존을 위해서 공감해야 한다. 공감하지 못하면 멸망할 것이라고 말한다.

1) 공감의 정의

감정이입은 상대방의 마음속에 들어가 그 사람의 입장에서 세상을 보고 반응하는 것이다. 감정이입에는 동일시와 공감이 있다. 동일시 (identification)는 자신을 상대방과 같게 여기는 것으로 자신과 상대방이 구별되지 않는 개념이다.

그러나 공감은 자신과 다른 사람을 구별하면서도 다른 사람의 입장에서 그 사람의 생각, 감정, 이야기가 무엇을 의미하는지를 알아차리고 느끼는 것이다.[20] 때문에 '공감'은 타인에 대한 정서의 공유를 기본으로 하면서, 동시에 자아를 잊어버리지 않고, 자아를 존중할 때에 더욱 활성화될 수 있다.

칼 로저스(Carl R. Rogers)는 "공감적이라고 불리는 타인의 존재 양식은 몇 가지 측면이 담겨 있다. 이는 다른 사람의 사적인 지각 세계에 들어가서 거기에 철저히 거함을 뜻한다. 이는 순간순간 그 사람 속에 흐르는 의미의 변화와 두려움, 분노, 상냥함, 혼란 또는 그가 경험하는 모든 것에 민감함을 포함한다.

이는 일시적으로 그 사람의 삶을 살며, 판단하지 않고 그 속에서 부드럽고 섬세하게 옮겨 다니면서 그가 거의 인식하지 못하는 의미까지도 감지함을 말한다.

그 개인이 두려워하는 요소를 겁먹지 않은 눈으로 바라보면서 당신이 감지한 그의 세계를 전달해 주는 것도 포함한다."[21]라고 하였다. 공감을 통한 심리치료의 근거를 마련하였다.

2) 공감의 기능

타인에 대한 이해력과 예측력 향상

공감은 대화 상대자의 인격과 삶을 존중하는 태도를 가지고 상대방의 말을 수용적으로 받아들여 그의 생각과 감정을 깊이 있게 이해하는 것이다. 이로 인해 다른 사람에 대한 이해력이 향상되고, 그들에 대한 예측력을 증가시켜 준다.

상대방을 설득하고, 동의를 얻고, 모종의 관계를 구축해 나감에 있어 중요한 작용을 하는 이해와 예측 및 의사소통 능력은 공감과 불가분의 관계를 맺고 있다. 공감이 충실하고 정확하게 일어날수록 상대방에 대한 지각이 그만큼 정확해지고 긍정적인 관계를 형성할 수 있다.[22]

상호 이해로 인간관계 증진

공감적 반응은 자기 개방을 증가시키고, 타인의 가치를 확인할 수 있게 하고, 의사소통을 지원하는 분위기를 제공함으로써 관계를 진전시키는 계기로 작용한다. 공감을 통해 대화자는 상호 이해에 도달하기 쉬워진다. 사실을 교환하는 데서 시작된 의사소통이 대화 참여자 사이에 신뢰와 친밀감을 느끼도록 하여, 심층적인 감정 표현으로 발전됨으로써 인간관계가 증진된다.

인간관계의 유지와 발전

공감의 주요한 목표 중 하나는 인간관계를 유지하고 원활하게 하는 것이다. 공감은 다른 사람들과 함께 하는 존재의 방식으로서 사람들을 깊이 있게 만날 수 있는 방법이다. 이 깊은 만남을 통해서 서로를 이해하며 새로운 관계를 만들어간다. 새로운 관계를 만들기 위해 공감 기법을 사용할 때는 화자와 청자 사이에 상호적, 쌍방적 대화가 이루어진다. 언어 활동의 상호 관계적 과정을 통해 다른 사람을 이해하고 그것을 바탕으로 인간관계를 형성해 나간다.

인간관계의 효율성을 결정하는 가장 중요한 요소는 상호 만남의 질적 수준이다. 상호 만남을 깊이 있게 하고 관계를 촉진할 수 있는 요소가 필요한데 이 요소가 바로 '진실성', '수용', '공감적 이해' 등이다.23)

3) 공감의 자세

인간 존중

공감은 개개인의 인격을 존중하는 정신에 토대를 두고 있고 타인을 신뢰하고 수용하는 태도를 강조한다. 청자는 화자를 있는 그대로의 모습으로 인정하고 수용하며 그의 의도에 귀를 기울임으로써 사랑의 대화를 나눈다. 대화 참여자가 상대방을 잠재 가능성을 지닌 하나의 인격체로 대우하고 비소유적인 방식으로 배려해야 한다. 더 나아가 긍정적 존중이 수용적일수록 관계가 더욱 좋아진다.

감정 공유

공감은 감정을 공유하거나 간접체험을 하는 활동이며, 다른 사람의 감정을 잘 수용하고 타인의 감정을 민감하게 이해하여 함께 느끼는 현상이다.

이 감정의 공유는 감성을 스스로 인지하는 기능으로서 감성 인지 기능에는 여러 가지 공유 요소들이 있는데 공감과 연관되는 기능만 정리하면 다음과 같다.24)

① 자신의 감정을 스스로 인식하는 것으로서 여기에는 자신의 감정을 인지하고 그 감정에 이름을 붙이는 능력, 자신의 감정이 발생하는 이유를 이해하는 능력, 감정과 행동의 차이를 인지하는 능력 등이 포함된다.

② 자신의 감정을 관리하고 통제하는 것으로써 자신의 감정을 적절히 표현하는 능력, 공격적인 행동과 자기 파괴적인 행동을 절제하는 능력, 자신과 타인에 대해 더욱 긍정적인 감정을 갖추는 능력, 고독감과 사회적 불안감을 덜 느끼는 능력을 포함한다.

③ 자신의 감정을 생산적으로 활용하는 것으로서, 이는 자기 자신에게 동기를 부여하여 잠재능력을 계발하도록 돕는다. 이는 자신에 대한 책임을 지는 능력, 현재 하는 일에 열중하는 능력, 인내심을 갖고 사려 깊게 일을 처리하는 능력을 포함한다.

④ 다른 사람의 감정을 읽을 줄 아는 것으로서, 타인의 감정을 수용하는 능력, 타인의 감정을 민감하게 이해하는 능력, 타인의 말에 귀를 기울이는 능력, 말로 표현되지 않은 생각과 감정까지를 파악하는 능력 등을 토대로 상대방의 입장에 공감을 표하는 능력을 말한다.

⑤ 다른 사람과의 대인관계를 맺는 것으로서, 대인 관계를 분석하고 이해하는 능력, 의견이 상충할 때 갈등을 해결하는 능력, 보다 능동적이고 적극적으로 의사소통을 하는 능력, 보다 관용적으로 타인을

대하는 능력을 의미한다.

수용적 자세

수용적으로 듣기를 하는 사람은 상대방의 '있는 그대로'를 받아들여 상대방을 진정으로 받아들인다는 느낌을 준다. 수용적 대화는 한 인간의 마음을 열어 주고 대화 상대자가 자신의 감정이나 문제를 다른 사람과 공유하도록 만든다.[25] 진정한 수용은 타인으로부터 인정을 받고 사랑받는다고 느끼게 해준다. 사랑받는다는 느낌은 몸과 마음의 성장을 촉진하고 육체적 결손을 치유하기 때문에 '치유적인 의사소통'이라고 한다.

적극적 참여

공감의 청자는 적극적인 듣기를 하기 위해 역동적으로 대화에 참여한다. 적극적인 듣기는 청자가 수동적으로 대화에 임하지 않고 적극적으로 화자에게 피드백하고 화자의 생각을 이해하고 노력하는 행위이다.

청자로부터의 피드백은 반드시 말한 사람에게 되돌려져 그 의미가 무엇인지 해석하는 과정을 거치게 된다. 대화 참여자들은 이와 같은 피드백을 통해서 자신과 타인의 커뮤니케이션을 조절하고 오해 발생의 가능성을 줄여 나간다.[26]

① 화자의 관점을 지지하기: 적극적 듣기는 우선 대화 상대자가 말을 잘하도록 도와주고 그 생각을 지지해 주고 찬성해 주는 것이다.

화자에게서 더 많은 말을 끌어내기 위해 화자의 말을 반복해 주고 맞장구치며 대화가 끊어지지 않고 잘 이어지도록 돕는 일이다. 이렇게 함으로써 대화가 원활하게 전개되고 대화 참여자 간의 의사소통이 잘 이루어질 수 있다.

② 반응하면서 듣기: 적극적 듣기의 또 하나의 측면은 반응적 듣기로 다른 사람의 견해를 직접적으로 반영하여 화자에게 표현하는 행위이다. 화자의 말을 자신의 말로 옮겨 화자에게 피드백하기도 하고 경험적인 구체적 사례를 들어 다른 사람이 반응하도록 설명하기도 한다.

③ 청자의 관점에서 말하기: 공감적 말하기는 화자가 청자의 관점에서 말하는 방식으로 상대방을 배려하는 것이다. 화자는 청자의 인지수준과 심리상태, 상황, 관계를 고려하여 말을 한다.

4) 공감의 요소

인지적 요소

공감의 인지적 요인은 공감하는 사람이 공감 대상자의 경험과 심정에 대해 '아는 것', '이해하는 것'을 의미한다. 또한 상대방의 정서와 사고에 대해 인식하고, 변별하고, 추론하며, 이해하는 등의 인지적 정신 과정을 사용하는 것을 말한다. 이를 인지적 공감이라 부르기도 한다.

인지적 공감에는 주의, 정서 및 사고 재인, 조망 수용, 평가, 상상, 메타인지, 시뮬레이션, 추론, 마음 이론, 조절 등의 다양한 인지적 작업이 포함된다. 인지적 요소에 해당하는 또 하나의 개념으로 '감정의 인식(recognition of emotion)'을 들 수 있다.

이는 '상대 타인에게서 발견되는 감정을 인지해 내는 능력'을 의미한다.[27] 공감은 다른 사람의 감정이나 정서를 지각, 예측, 이해하여 적절하게 반응하도록 하는 인지 과정이다.

정서적 요소

공감의 정서적 요인이란 공감 대상에 대한 정서적 반응 전체를 의미하며, 우리가 어떻게 타인의 감정을 경험하는가에 관한 것이다. 공감하는 사람이 상대방과 동일하거나 비슷한 정서를 느끼는 것, 상대의 정서에 부합하는 정서를 경험하는 것, 정서가 공유된 느낌과 정서적 유대감, 염려 등과 같은 타인 지향적 정서들을 느끼는 것이 이에 해당한다.[28]

동기적 요소

타인의 고통에 주의를 기울이는 것은 고통스럽고 인지적 자원이 드는 일이기 때문에 회피와 억제가 발달한다. 따라서 공감은 회피와 억제를 넘어서 타인에 대한 주의를 기꺼이, 의식적으로 기울여야 완성되는 작업이다.[29]

의사소통적 요소

공감의 의사소통적 요소는 다른 사람의 정서를 이해하고 느낀 후 그것을 정확하고 민감하게 표현하는 것을 의미한다. 여기에는 언어적 공감 반응뿐만 아니라 비언어적 공감 반응까지 포함된다.

통합적 요소

공감적 이해의 세 요소인 인지적 요소, 정서적 요소, 의사소통적 요소는 상호 작용하며 이와 같은 요소들은 일차원적인 수준이 아니라 다차원적인 수준에서 파악해야 한다. 즉 공감이 이루어지는 과정이 항상 같은 과정을 거쳐 순차적이고 단계적으로 이루어지는 과정이라기보다는 상황, 맥락에 따라 인지, 정서, 의사소통의 세 가지 요소가 복합적으로 작용하는 과정으로 파악한다.

공감은 청소년 퍼실리테이션의 핵심요소이다. 퍼실리테이터들이 지녀야 할 태도는 공감적 자세이며, 퍼실리테이션 프로세스 속에 공감의 기능과 요소들이 들어 있다.

2. 의사소통

> "훌륭한 의사소통은 블랙커피처럼 자극적이며, 후에 잠들기가 어렵다."
> —A.M. 린드버그—

인간이 사회적 존재라는 것은 소통하는 존재라는 뜻이다. 인간은 소통을 통해 인간다워진다. 인간은 태중에는 엄마와 소통하고, 세상에 나와서는 부모와 가족과 소통하며, 성장하면서는 친구 및 세상과 소통한다.

소통에 능한 사람은 자신은 물론 이웃과 세상까지 행복하게 만들지만, 소통하지 못하는 사람들은 자신은 물론 세상을 불행하게 만든다. 20대 이상의 '직장인 스트레스 현황 설문 조사'에서는 직장인들의 스트레스 1위는 '대인관계'가 가장 높게 나왔다.

취업포털 파인드잡과 채용 정보 검색엔진 '잡서치'가 함께 조사한 20대 이상 직장인 530명을 대상으로 '직장인 스트레스 현황' 설문 조사를 실시했다.

그 결과 직장인 48.2%가 업무 시 가장 스트레스를 받는 요인으로 '사람 상대'라고 응답, 직장인 둘 중 한 명은 직장 상사 및 동료와의 관계로부터 가장 큰 스트레스를 받는 것으로 나타났다.

1) 의사소통의 정의

의사소통이나 커뮤니케이션(Communication)이라는 용어는 원래 라틴어 'Communis'에서 온 말로 영어의 'Common(공통)'과 같다.

『새국어사전』에 따르면 커뮤니케이션은 전달, 통신, 사람끼리의 말이나 글자·음성·몸짓 등으로 사상·감정을 전달하는 행위로 풀이되지만, 의사소통은 언어적 교환 외에도 많은 것을 포함한다.

따라서 의사소통은 조직의 목표 달성을 위해서 목적을 가진 구성원들끼리 행동 변화를 일으키기 위한 언어적·비언어적 의미 전달 과정으로 개인과 개인 간의 이해를 유도하는 역할을 한다고 볼 수 있다.

2) 의사소통의 목적

의사소통을 인간과 인간의 연결이라고 가정할 때, 의사소통은 한 인간이 성장하고 발전하기 위해 다음의 목적을 가진다.

통제 (Control)

의사소통은 집단 내 구성원의 활동을 통합하고 조정하도록 설계되는데, 그것은 조직의 목적과 과업이 달성되도록 집단 내 질서를 확립하는 것을 목표로 한다.

지침 (Instruction)

의사소통은 구성원들이 직무상 무엇을 해야 하는지 알게 해준다.

동기 부여 (Motivation)

의사소통은 집단 내 구성원들의 행동에 영향을 미치는 기능을 한다.

문제 해결 (Problem Solving)

의사소통은 쉽게 해결할 수 없는 문제나 의문이 생길 때 발생한다.

피드백과 평가(Feedback & Evaluation)

의사소통은 평가를 통해 구성원들이 무엇을 어떻게 했는지 피드백해준다.

사회적 욕구(Social Needs)

의사소통은 모든 집단에서 발생하는 감정적이고 비과업 지향적인 상호 작용과 관련이 있다.

정보 교환(Information Exchange)

의사소통의 여러 목적 중 가장 기본적인 것이다.

3) 의사소통 유형

의사소통 유형은 의사소통 방향과 방법에 따라 구분한다. 의사소통 방향에 따른 구분은 하향적, 상향적, 수평적, 대각선적 의사소통으로 나누고, 의사소통 방법에 따른 구분은 언어적 의사소통과 비언어적 의사소통으로 나눈다.

(1) 의사소통 방향에 따른 유형

하향적(Top-Down; Downward) 의사소통

조직 계층의 상급자로부터 하급자로 향하는 의사소통 유형으로 직무상 지시를 위해, 작업 내용을 이해시키기 위해, 타 조직 차원의 과업 관계를 이해시키기 위해, 작업 절차 및 관련 정보 제공을 위해, 부하의 업적에 대한 피드백을 위해, 집단의 목적을 이해시켜 사명감을 고취시키기 위해 사용한다.

문서적 수단과 구두적 수단이 있다.

상향적 의사소통

조직 하부에서 상부로, 부하가 상사에게 의사를 전달하는 유형으로 직원 여론 조사, 개별 면접, 인사 상담, 제안 제도, 직원회의, 질의 및 건의함 제도 등이 있다.

수평적 의사소통

동일 계층에 있는 구성원이나 부서 간의 의사소통을 말한다(한국교육행정학회). 수평적 의사소통은 동료 간의 단합 및 업무 조정, 지원·통합을 위해 필요하다. 수평적 의사소통이 효율적으로 이루어지면 구성원 간, 부서 간 갈등을 효과적으로 조정할 수 있다.

대각선적 의사소통

대각선적 의사소통은 구성원들이 서로 상이한 지위나 조직 내 위계 관계에 있지 않은 사람끼리 행하는 의사소통으로 주로 협조·참조 등의 용어를 사용한다.

(2) 조직 형태에 따른 유형

공식적 의사소통

공식적 의사소통은 공식적 조직 내의 의사소통 통로를 법적·제도적으로 정하고 이에 따라 행하는 의사전달 유형이다. 명령, 지시, 보고 등처럼 주로 공문서가 수단이며, 공식적인 의사소통 목적으로는 정책 결정과 지시 사항 전달, 관리 계층에 대한 부하 직원의 보고,

조직의 목적을 구성원들에게 전달하는 데 있다.

비공식적 의사소통

계층이나 공식적인 직책을 떠나 조직 구성원 간의 친분 및 상호신뢰와 현실적인 인간관계를 통해 이루어지는 의사소통 유형을 말한다. 비공식적인 의사소통이 나타나는 것은 공식적인 의사소통의 경직성, 엄격성, 획일성, 지연성 등을 극복하기 위해서이다.[30]

(3) 언어적 의사소통

인간이 말하는 모든 단어는 언어적 의사소통으로 구성된다. 언어를 통한 의사소통은 가장 오래된 것으로, 크게 구어적 방법과 문서적 방법으로 구별된다. 우리는 말을 통해 가치, 신조, 지각, 의미를 의사소통하며 흥미와 이해, 무례함과 판단을 전달한다. 메시지를 분명히 전달하든지 아니면 일치하지 않거나 함축적인 메시지를 전달한다. 또 감정을 분명히 정직하게 전달하거나 거짓되거나 왜곡되게 전달한다.

(4) 비언어적 의사소통

비언어적 의사소통은 언어를 사용하지 않고 언어만으로 표현할 수 없는 메시지를 전달하는 방법이다. 얼굴 표정, 제스처, 자세, 외모와 같은 표정과 행동을 포함하는 가시적 채널과 말의 내용이 제거되었을 때 신호로 남는 것, 즉 음성 고저, 크기, 속도, 질, 억양, 머뭇거림 등이 여기에 해당한다.

비언어적 의사소통은 언어적 의사소통 과정을 더욱 효과적으로 진행시키는 데 도움이 되며 언어적 의사소통만으로는 표현하기 어려운 감정이나 태도 등을 전달하는 데 유용하다.

4) 의사소통 방해 요인

우리 일상생활에서 의사소통을 방해하는 주요 요인으로는 내적 방해 요인과 외적 방해 요인이 있다.

내적 방해 요인에는 감각 요인, 선입관, 편견, 인지 수준, 장애 유형 등이 있고, 외적 방해 요인에는 소음, 장소 등이 있다. 따라서 상대방과 의사소통할 때는 여러 요인을 잘 고려해 상대방을 배려하는 마음으로 임해야 한다.

(1) 내적 방해 요인

감각 기능

감각 기능은 오감(五感)과 같은 신체 감각과 지적 능력으로 나눌 수 있는데 효율적인 의사소통을 위해서는 전달된 메시지를 이해하고 해석하는 인지 기능이 필요하다. 주의집중, 지각, 기억, 언어, 개념화, 추론, 의사 결정 등 두뇌의 인지 활동은 의사소통 능력을 제한하거나 원활하게 한다.

정서

분노, 우울, 고통, 불안, 기쁨, 흥분 등과 같은 정서적 상태는 의사소통에 영향을 미치는 비언어적 메시지의 중요한 단서가 될 뿐만 아니라 전달된 메시지의 인식과 해석에 직·간접적인 영향을 미친다. 신뢰감 상실, 불신과 같은 정서적 상태도 의사소통을 방해하는 중요한 정서 요인이 된다.

(2) 외적 방해 요인

물리적·환경적 요인

신체적 건강 상태 즉 피로, 수면 부족, 질병으로 인한 불쾌감이나 신체적 장애 등으로 인한 장애는 의사소통에 부정적 영향을 미친다. 또한 의사소통할 때 나누는 정보의 양과 질을 수용자의 상태를 고려하지 않은 채 너무 많은 정보가 전달되거나 정보 수준이 안 맞으면 해석 능력과 수용 능력 부족으로 의사소통이 불가능해진다.

사회문화적 요인

사회, 조직, 가족, 개인 간의 수평적, 평등적, 민주적인 분위기는 의사소통에 영향을 미친다. 또한 언어 사용이나 비언어적 의사소통에서 매체를 선택하고 적용하는 것은 사회문화와 관습의 영향을 받는다.

이 외에도 인종, 성별, 종교, 사회경제적 계층, 가치관, 주거 틀의 차이도 의사소통에 중요한 영향을 미치며 그에 따라 대인관계 발전에도 많은 차이가 생긴다.

5) 피해야 할 의사소통

그렇다면 우리가 일상생활에서 피해야 할 의사소통의 유형으로는 어떤 것이 있을까? 그것만 제대로 알고 실천해도 원활한 대인관계 및 사회생활이 가능할 것이다.

① 명령, 지시, 요구, 강요: 이것은 상대방에게 억압적인 분위기를 제공해 분노, 적대감을 불러일으키기 쉽다.

② 경고, 위협: 거부하면 특정한 제재가 있음을 제시하는 것으로 적대감이 형성되고 관계가 손상된다. (예: "놀러갈 테면 가. 그 대신 이제부터 엄마한테 용돈 달라고 하지 마.")

③ 훈계, 설교: 상대방을 가르치려 하는 것으로 권위에 의한 복종을 요구하는 형태를 띤다. 이것은 반항심과 죄의식을 기른다.

④ 충고, 해결 방안 제시: 상대방의 의견을 무시하면 상대방은 위축된다. 상대방이 무시당하는 느낌을 받으면 의존적인 사람으로 양성된다.

⑤ 설득, 논쟁: 내 주장을 설득하며 논리적으로 대하는 경우에는 상대방의 감정을 고려하지 않게 된다. 그러면 듣는 상대방은 자신의 의견을 쓸모없는 것으로 인식해 무력감을 느끼게 된다.

⑥ 비난, 비평, 책임 전가: 내가 상대방보다 우월하다는 느낌을 줄 수 있으므로 상대방에 대한 비난은 절대 피해야 한다.

⑦ 일반화: "애들은 다 그래…….", "남자들은 다 그래……." 등과 같은 말은 핵심 메시지가 없어 대화가 단절될 수 있다.

6) 효과적인 의사소통 방법

이야기를 잘하는 사람은 이야기를 잘 들어주는 사람이라는 말이 있다. 상대에게 관심이 있음을 나타내 줄 때 의사소통은 원활하게 이루어진다. 그렇다면 어떻게 하는 것이 제대로 관심을 기울이는 것일까?

눈 맞추기

먼저 말하는 상대방을 바라보아야 한다. 말하는데 엉뚱한 곳을 바라본다면 상대방은 자신과 자신의 말이 무시당하고 있다고 생각해 자존심이 상할 것이다. 그리고 이후로는 상대하기를 꺼려할 것이다. 상대방의 눈을 너무 응시하면 부담스러울 수 있으니 얼굴을 바라본다는 생각으로 하면 무난할 것이다.

올바른 자세

눈뿐만 아니라 몸 전체가 말하는 상대방 쪽으로 향하는 것이 좋다. 기왕이면 말하는 상대방 쪽으로 상체를 약간 기울이면 더 좋다. 중요한 것은 자신의 말을 열심히 들어주고 있다는 느낌을 상대방이 갖도록 하는 것이다.

적절한 맞장구

상대방이 말할 때 '네', '그렇죠', '아, 그랬습니까?' 등과 같은 말로 반응한다면 상대방은 이야기하는 데 더욱 신날 것이다.

수긍할 때는 고개를 끄덕이고 의문스러우면 고개를 젓거나 손을 들어 질문하고 이야기가 재미있으면 웃고 심각한 이야기를 하면 함께 걱정스러운 표정을 짓는다면 상대방은 자신과 자신이 말하는 이야기 내용이 진심으로 관심받고 있음을 느끼게 될 것이다.

칭찬하기

"칭찬은 고래도 춤추게 한다."라는 말이 있다. 그만큼 칭찬은 상대방의 마음을 움직이는 힘이 있다. 칭찬은 개인에게 동기 부여가 될 뿐만 아니라 서로 신뢰를 형성하는 데도 큰 영향을 미친다.

하지만 칭찬이 무조건 좋은 것만은 아니다. 어설픈 칭찬이나 지나치게 과도한 칭찬은 오히려 상대방이 부담을 갖거나 칭찬하는 사람을 가볍게 볼 수 있으므로 구체적 사례를 들어 칭찬을 해야 한다.

감사하기

칭찬을 받았다면 반드시 그에 대한 보답을 해야 한다. 그 보답이란 물질적인 것을 말하는 것이 아니라 "그렇게 봐주시니 감사합니다."라는 정도면 충분하다. 칭찬을 받았다면 반드시 감사를 전하는 동시에 칭찬으로 되돌려 준다면 의사소통은 지속될 것이다.

말로 하는 제스처

상대방의 감정이나 태도를 파악하는 데는 얼굴 표정과 몸짓 등 주변 언어가 대부분을 차지하며 음성으로 파악할 수 있는 것은 7%에 불과하다. 얼굴은 화가 났는데 말로는 화가 나지 않는다고 한들 누가 그렇다고 생각하겠는가?

비언어적 요소를 가지고 상대방에게 최대한 호감을 심어줄 자신만의 방법을 찾아서 해야 할 것이다.

효과적인 의사소통은 퍼실리테이션이 추구하는 방향이다. 참여자들의 원활한 의사소통을 통해 합의를 이루고 대안을 찾아가며 더 나은 삶을 선택하도록 의사소통을 지원하는 것이 퍼실리테이션이다.

3. 현상학

> "현상학은 천의 얼굴을 한 프로메테우스다. 그것의 진짜
> 얼굴을 알고 싶으면 모든 판단을 중지하라."
>
> －에드문드 후설－

1) 현상학

현상학(現象學, phenomenology)은 '눈에 드러난 현상을 있는 그 대로 보고 탐구하는 학문'처럼 보인다. 하지만 현상학은 어감과는 정 반대로 눈에 보이는 현상을 '판단중지(epochē)'를 하고 현상에 대한 지식이 어떻게 생기는지를 우리의 의식 구조를 분석하여 밝히는 학문 이라고 할 수 있다.31)

현상학은 확립된 이론이라기보다는 끊임없이 계속 되는 학술 운동 쪽에 더 가깝다. 현상학은 철학에 그치지 않고 심리학과 교육 치료학, 정신 분석학, 문학 등의 분야에 적용된다. 현상학이 적용된 학문은 실 천적 학문으로 발전했다.

어느 학자는 현상학을 가리켜 '천의 얼굴을 한 프로메테우스'라고

표현한다. 현상학이 인간 사고의 페러다임을 뒤집을 수 있을 만큼 매우 다양한 방향으로 전개해 나아가고 있기 때문이다.

2) 현상학의 배경

현상학은 19세기 유럽에서 관념 철학의 쇠퇴와 함께 상대주의 경향의 역사주의 및 실증주의 사조가 지배하게 된 학문적 위기 속에서 철학의 기초를 재정립하고자 후설(Husserl)에 의해 창시되었다.

후설은 20세기에 접어들면서 현대인은 정신적으로 병들었고, 병든 인간들에 의해 이루어진 현대 문화 역시 병든 문화이며, 현대인은 현재 더 이상 참다운 인간으로서의 생존을 유지하기 불가능할 정도로 심각한 위기상황에 처하게 되었다고 주장한다.[32]

후설이 이 같은 주장을 한 것은 그가 겪은 시대적 상황 때문이다. 그는 생전에 두 차례에 걸쳐 세계대전을 경험했고 이 전쟁으로부터 깊은 상처를 입었다. 인간의 비극을 목격한 후설은 인간 이성에 대해 회의감을 가지게 되었다. 이 때문에 후설은 정신이 병든 인간이 아니고서야 이렇게 행동할리 없다는 생각을 하게 된다.

현대 과학의 발달은 인류에게 편리함을 제공해 주었지만 또한 무기, 자연 파괴, 환경 오염을 발생시켰다. 그리고 인간을 탐구 대상으로 삼아 인간을 수단화시키는 단계로 이행되어 문제를 야기했다.

극단적인 인간의 수단화는 인간을 물리적인 존재로 규정했으며, 이제까지 인간의 삶 전반에 영향을 미쳤던 도덕이나 윤리, 인간의 이

타심 등 다양한 가치마저 단순한 과학적 사실로 분석해 버리는데 이른 것이다. 이런 연유로 후설은 현대 과학이 위기에 빠졌으며 현대인의 정신을 병들게 만든 원인이라고 보았다. 직접적으로 '서구의 몰락'을 이야기하며 후설은 인간과 공동체에 관한 성찰의 필요성과 진정한 의미의 실천적 대안과 변화를 마련하고자 했다.[33]

현대인의 정신이 병든 것은 분명 자연 과학의 위기로부터 시작하지만, 그러나 근원적인 원인은 철학의 직무유기에 놓여 있다. 어떤 학문이 잘못되었을 때, 이를 바로잡아 주는 역할을 수행할 수 있는 것은 오직 철학뿐이다.

3) 엄밀한 학문으로서의 현상학

이러한 위기를 해결하기 위해 철학의 고유한 학문성이 무엇인지를 규명하여 '철학은 만물의 뿌리'라는 사실을 증명해야만 한다.

후설은 이를 위해 '엄밀한 학문으로서 철학'을 제시한다. 후설에 따르면 철학은 태생부터가 '엄밀학(객관적으로 타당한 진리)'이라는 이념을 실현하기 위해 마련되었기 때문에 엄밀성이야말로 철학의 고유한 학문성이라고 한다. 하지만 후설이 보기에 지금까지의 철학은 이러한 이념을 실현하는 데 실패했다. 이 때문에 후설은 철학을 엄밀한 학문으로 만드는 것이야말로 현대인이 직면한 위기, 곧 자연 과학의 위기를 극복할 방법이라고 생각했다.

다시 말해, 철학이 엄밀학의 이념을 실현하지 못했기 때문에 고유한 학문성을 잃어버리고 작금의 사태가 일어났으니, 이를 실현하는 것이야말로 모든 위기를 극복하는 궁극적인 해결책이 되는 것이다.[34]

후설은 엄밀한 학문으로서의 철학을 '현상학적 방법'을 동원하여 그 근거를 발견하려고 한다. 이를 위해서 후설은 일단 세상에 대한 모든 지식에 대해 '판단중지(epochē)'를 내린다. 그리고 나서 무엇이 세상에 대한 지식을 가능하게 하는지에 대한 물음을 던진다. 세상의 지식에 대한 생각을 중지해 버린다면, 우리의 의식은 지식을 가능하게 하는 우리의 의식구조로 향할 수밖에 없다.

후설에 의하면 우리의 의식은 노에시스(noesis)-노에마(noema)의 구조로 되어 있다. 노에시스란 생각하는 과정을 말한다. 그리고 노에마는 생각의 대상을 말한다.[35] 이 둘은 우리의 의식 속에서 밀접하게 연관되어 있다. 그리고 이 구조가 세상의 모든 지식을 가능하게 한다. 후설은 바로 이러한 순수 의식의 구조를 밝힘으로써 모든 학문을 엄밀하게 만들 수 있는 기초를 발견하려 했다.

4) 현상학적 방법

현상학적인 방법의 핵심은 주관과 객관의 관계 속에서의 '의식체험'이다. 대상이 분명하게 드러나는 것은 직관되는 것, 즉 주관과 객관의 관계 속에서 제시되는 것이다.

'의식은 무엇에 대한 의식'이라는 지향성(무엇을 가리킴 혹은 무엇을 겨냥함)의 원리에 따르면 대상은 그 자체로 존재하는 것이 아니라 의식에 대해 존재하는 대상이다. 의식이 어떠한 방식을 취하느냐에 따라 그에 상응하는 대상이 의식에 주어지게 되는 것이다.

후설은 미리 주어진 것과 전해져 내려온 것 등 그 어떤 것도 철학의 출발점으로 삼지 않는다. 왜냐하면 이러한 것이 우리의 인식에 영향을 미치는 편견이 될 수 있기 때문이다. 이 때문에 철학의 엄밀성은 모든 편견으로부터 벗어난 무편견성과 어떤 것도 전제로 삼지 않는 무전제성을 추구한다. 사태 자체로의 귀환, 무편견성, 무전제성 등은 후설이 최종적으로 지향하고 있는 철학을 위한 과정으로 이해할 수 있다.

그러나 현상학이 추구하는 '사태 자체로'의 귀환은 본질의 세계로 이행하는 것만으로 완벽하게 충족되지 않는다. 모든 편견과 일체의 선입견으로부터 벗어나 어떤 특정한 대상이 나타나 보일 수 있도록 의식이 취하는 자세를 후설은 '태도'라고 부른다. 그리고 취하고 있던 어떤 자세를 다른 자세로 바꾸는 의식의 작업 수행이 바로 후설이 말하는 '현상학적 태도변경' 또는 '현상학적 환원'이다.

이와 같은 관점을 바탕으로 후설 현상학의 이념과 성격을 크게 세 가지 환원으로 설명할 수 있다.36)

현상학적 환원

모든 선입견에서 벗어나 대상을 순전히 우리에게 나타나는 최대한 있는 그대로의 사태 그 자체를 받아들이는 태도이다. 이론적인 어떤 전제나 편견 없이 있는 그대로 의식에 주어진 '사태 그 자체'를 기술하려는 것이다. 한마디로 사태로부터 드러난 본질을 정확하게 직관하는 것이다. 사태 자체에 주목하고자 하는 시도는 '괄호치기' 혹은 '판단중지(Epoche)'라고 불린다.

초월론적 환원

우리 자신이 대상과 맺고 있는 지향적 관계를 깨닫는 작업이다. 선입견을 벗어나 사태 자체에 주목하는 상황에서는 대상이 우리 자신의 태도를 바탕으로 주어진다는 사실이 부각된다. 대상에 대한 체험이란 외부에 고정된 형태로 존재하는 사실을 있는 그대로 완벽하게 파악하는 활동이 아니다. 오히려 대상은 우리의 '태도 변경'에 따라 매 순간 다양한 방식으로 성립한다.

우리는 대상에 끊임없이 의미를 부여하는 과정에서 세계를 끊임없이 새롭게 '구성'하는 활동에 참여한다. 즉, 수학적 태도가 수학적 세계를, 예술적 태도가 예술적 세계를, 종교적 태도가 종교적 세계를, 도덕적 태도가 도덕적 세계를 구성한다. 따라서 초월론적 환원을 통해 우리는 세계에 대한 '의미 부여자'로 드러나게 된다.

형상적 환원

대상이 주어지는 방식 속에서 본질을 직관하는 작업이다. 우리에게 주어지는 내용에는 언제나 의미가 부여된다. 의미 부여 과정은 크게 두 가지 측면을 지니는데 하나는 능동적 관점에서 우리는 '더 많이 사념함'을 통해 대상을 주어진 내용보다 더 풍부한 의미로 구성하며, 수동적 관점에서 볼 경우 우리는 '본질직관'을 통해 대상을 실재로 파악한다고 할 수 있다. 현상학은 우리가 의미로 가득한 세계 속에서 매 순간 대상의 본질을 파악하고 있다고 지적한다.

5) 퍼실리테이션의 이론적 토대로서의 현상학

현상학은 청소년 퍼실리테이션 전제의 이론적 토대가 된다. 특히 청소년 퍼실리테이션에서 많이 사용하는 공감대화는 먼저 본질에 접근하기 위해, 선입견을 버리고 경험을 통해 인식된 것에 의미를 부여하는 과정으로써 사태 자체의 본질과 의미를 찾는 도구이다. 현상학에 그 뿌리를 두고 있다.

4. 성격 심리

> "사람들은 자신의 생각을 말하는 것이 자신의 성격을 드러
> 내게 되는 것인데도 의외로 그것을 잘 모르는 눈치다."
> -에머슨-

매슬로의 욕구이론에서 인간이 만족을 느끼는 욕구의 단계를 보면 인간은 생존과 안전의 문제가 해결되면, 그 다음으로 사회적 소속감, 자존감, 그리고 자아실현의 욕구를 추구하게 된다. 즉 사회 안에서 존

재로서의 소속감을 경험할 때, 더 나아가 사회적 관계가 성장하고 존재로서의 역할에 만족감을 느낄 때 행복을 느낀다. 사회 안에서 소속감을 느끼는데 있어서 원만한 인간관계는 필수적이다.

인간관계에서 중요한 기능을 하는 것이 성격이다. 채근담에는 성격에 대해 모난 물건은 모난 데가 걸려서 잘 구르지 못하나 둥글둥글하면 잘 구른다. 사람도 그 성격이 모난 데가 있으면 세상이란 운동장을 굴러가는데 힘이 들고 잘 구르지 않는 법이라는 말이 있다. 성격이 인간관계를 좋게도 하고 힘들게도 한다. 그러기에 자신의 성격을 알고 타인의 성격을 알면 서로 이해가 깊어져 원만한 인간관계를 가능하게 한다.

1) 성격의 개념

성격은 인간 이해에 있어서 가장 유용한 도구가 되어 왔다.

성격(personality)의 어원은 라틴어의 'per(통하여; through)'와 'sonare(말한다; speak)'의 합성어인 'persona(꿰뚫어 말함; to speak through)'에서 유래되었는데, 'persona'는 고대 그리스 로마 시대에 연극배우가 무대에 설 때 자신의 얼굴에 쓰는 '가면(mask)'을 뜻하는 것이었다.

페르소나가 가면이라는 뜻에서부터 차차 변화되어 개인의 전체적인 인상의 뜻으로 변화되었고, 로마 시대에는 고귀한 성질을 가진 개인을 의미하는 말로 사용되었다.

오늘날 우리가 사용하는 성격의 개념은 18세기 이후부터 등장하기 시작했다고 보고 있으며, 각 개인의 진실한 속성과 타인과 구별되는 인상 전체를 의미하는 말로 사용되고 있다.[37]

성격은 크게 핵심적 성격과 주변적 성격으로 나누어지는데, 핵심적 성격은 개인이 가지고 있는 특성 가운데 선천적인 것을 말하며, 주변적 성격은 후천적으로 습득되는 것을 말한다.

핵심적 성격은 유전에 의해 형성된 것으로 후천적 생활로도 변하지 않고 인간 행동에 영향을 준다. 그러나 주변적 성격은 생활 환경에 영향을 받아 후천적으로 형성된 것이므로 상황에 따라 변할 수도 있다.

2) 성격의 구성 원리

성격을 연구하는 학자들의 공통적인 의견을 보면 성격에는 독특성과 안정성, 일관성이라는 공통된 특성이 있다.[38]

독특성(distinctiveness)은 타인과 구분되는 개인마다 고유하게 가지는 특성으로, 개인의 사고 과정이나 감정은 매우 독특하고 개인차가 존재한다는 것이다. 일관성(consistency)은 상황이 바뀌어도 사람은 자신의 개성을 유지하려는 경향을 뜻하며, 안정성(stability)은 시간이나 상황의 변화에도 달라지지 않는 개인의 생각, 감정, 행동특성을 의미한다.

3) 성격 이론

인간의 성격에 관한 연구는 연구 분야가 넓고 전체적으로 인간을 설명하려고 시도하기 때문에 다양한 이론들이 있다.

그 가운데 대표적으로 인간의 행동에 관한 기본 가정과 접근 방법에 따라 성향 이론, 정신역동 이론, 학습 이론, 자아 이론 그리고 현상학적 이론으로 구분한다.

성향 이론(disposition theories)

개인이 행동을 예측할 수 있는 기본적으로 내적인 경향성을 가지고 있다는 것에 기초한다. 이는 인간은 비교적 구조적이며 일관성을 갖고 있는 기본 틀이 존재한다는 기본 가정에 기초한 특성론(trait theories)을 따르는 것이다.

성격의 성향을 나타내는 또 다른 방법에는 욕구 이론(needs theories)이 있다. 여기서 욕구는 개인의 열망을 나타내는 내적 상태를 의미한다. 충족되지 않은 욕구는 목표를 향한 동기 부여의 계기가 된다. 특성 이론은 성격을 구성하는 공통적인 특성 요인들을 찾아 분석하고자 한다.[39]

특성 이론은 객관적이지만 수집한 자료의 종류나 분석 방법에 따라 특성 요인이 달라질 수 있다는 문제점과 함께 인간의 특성은 상황에 따라 달라질 수 있다는 문제점을 지니고 있다.

정신역동 이론(psychodynamics theories)

개인의 내적 상황과 갈등에 의하여 성격이 형성된다는 것을 전제로 하고 있는 이론이다. 프로이드(Freud)는 성격이 본능(id), 자아(ego), 초자아(superego)의 세 부분으로 구성되어 있다고 주장하였다. 본능(id)은 기본 욕구들을 저장하는 성격의 무의식적인 부분으로 성격의 기초를 형성한다. 성적(性的) 본능과 공격적 본능과 같이 자기만족만을 추구하는 것이 본능에 해당한다. 자아(ego)는 성장 과정을 거치면서 본능에서 분화된 것이다. 초자아(superego)는 도덕과 가치관 등을 포함하는 개념이다. 이처럼 정신역동 이론에서는 본능과 자아, 초자아의 세 요소가 상호 작용하며 성격이 형성된다고 보았다.[40]

학습 이론(learning theories)

성격을 학습의 총체로 보는 것으로 앞서 정신역동 이론에서 언급된 자아나 초자아와 같은 개인의 특질들을 학습을 통해 갖게 된다. 고전적 학습 이론에서는 학습 과정에서의 충동과 단서, 강화를 강조한다.

충동(drives)은 개인의 행동을 유발하는 일련의 과정을 의미하며, 성욕이나 굶주림과 같은 생리 현상, 학습을 통하여 획득된 명예나 애정에 대한 갈망이 여기 속한다.

단서(clue)는 충동을 유발하는 자극을 의미하는 것으로 개인이 어떤 것을 원하면 단서를 찾아 어떠한 행동을 취한다는 것을 의미한다.

강화(reinforcement)는 충동 감소에 대한 대응이나 보상을 의미한다. 사회적 학습 이론은 학습 이론에 한 분야로 개인의 행동을 결정하는 데에 있어서 상황 요인을 강조한다.[41]

개인에게 주어지는 환경은 학습을 통해 개인의 행동을 결정하며 이는 다시 그들의 환경 조건을 형성한다.

자아 이론(self theories)

Rogers의 자아 이론(self theories)은 성격 이론의 핵심 개념을 자아(self)와 유기체(organism)에 두고 있다. 인간의 자아는 자신이 지니고 있는 특징에 대한 지각과 타인과의 관계를 통해 형성된 지각으로 구성된다. 여기서 말하는 유기체란 모든 경험이 일어나는 장소라고 할 수 있으며 이러한 경험들이 현상적 장을 구성하고 개인의 준거체계를 형성하며 행동 방식을 결정한다.[42]

현상학적 이론(phenomenological theories)

현상학에서는 개인이 세상을 어떻게 지각하며 해석하는가에 관심을 가지고 있다. 현상학적 이론(phenomenological theories)에서는 이러한 현상에 대한 지각이 성격에 미치는 영향을 분석한다.

4) 성격 검사

성격 검사는 측정되는 내용과 검사 제작 방법에 따라 투사적 검사와 객관적 검사로 구분된다.

투사적 검사는 개인의 독특한 심리적 특성에 관심을 가지고 이러한 개인의 독특성을 측정하기 위한 비구조적 검사 과제를 제공한다. 객관적 검사는 검사 과제가 구조화되어 있어 개인의 독특성보다는 개인마다 공통적으로 가지고 있는 특성을 기준으로 개인을 상대적으로 비교한다.

투사적 검사

투사적 검사의 종류로는 로르샤흐 검사, TAT(주제통각 검사), 문장완성 검사, 인물화 검사, 가족화 검사 등이 있다. 투사적 검사는 반응의 독특성, 반응의 풍부함, 방어의 어려움 등을 이해하는 장점이 있는 반면, 검사의 신뢰도와 타당도가 낮을 수 있고, 반응에 대한 상황적 요인에 영향을 받을 수 있다는 단점이 있다.[43]

객관적 검사

객관적 검사의 종류로는 비정상적 행동을 객관적으로 측정하기 위해 개발된 MMPI(다면적 인성 검사), 정상적인 성격을 기술하고 측정하기 위해 개발된 CPI(캘리포니아 성격 검사), 융의 이론에 근거하여 캐서린과 이사벨이 개발한 MBTI, 니오 성격 검사, 16요인 성격 검사, 아이젠크 성격 검사 등이 있다.

객관적 검사는 검사 실시가 간편하고 검사의 신뢰도와 타당도가 높으며 개인 간 비교의 객관성이 보장된다는 장점이 있지만, 문항 내용에 따라 방어가 쉽게 일어날 수 있고, 개인이 응답하는 방식에 영향을 받을 수 있으며 문항 내용이 제한될 수 있다는 단점이 있다.[44]

5) 성격유형 이론

성격유형에 관한 학자들의 이론은 홀랜드의 직업성격 유형, 스케인(Schein)의 경력 닻, 융의 심리유형(MBTI), 5대 성격 유형, 에니어그램 등이 있다.

홀랜드의 직업 성격유형

직업 성격유형을 최초로 연구하고 발표했던 홀랜드는 인간의 흥미라는 개념이 6가지 유형으로 분류될 수 있다는 결론을 도출했다. 6가지 유형은 현실적 유형, 탐구적 유형, 예술적 유형, 사회적 유형, 진취적 유형, 관습적 유형이다.

홀랜드의 직업 성격유형에는 기본적인 4가지의 가정이 있다.

첫째, 대부분의 사람은 6가지 유형으로 분류된다는 것과 둘째, 생활환경도 6가지 유형으로 분류될 수 있으며 셋째, 개인이 자신의 능력과 기술을 발휘하고 태도와 가치를 표현하고 자신에게 맞는 역할을 수행할 수 있는 직업을 추구하고 넷째, 개인의 행동은 그 사람의 성격과 환경의 상호 작용에 의해 결정된다는 것이다.

MBTI

융(Jung)의 심리유형 이론을 근거로 브릭스와 마이어(Briggs & Myers) 모녀가 70여 년 동안의 연구를 통해 고안해 낸 MBTI는 자기 보고식 성격유형 검사이다. 융은 '모든 인간은 네 가지 기능과 두 가지 태도로 움직이고 있다'라고 주장하며 인간의 개별화를 돕기 위해 이 네 가지 기능과 두 태도를 개별화시키는 것을 제시하였다. MBTI는 인식과 판단에 대한 융의 심리유형 이론에서 융의 심리적 기능(사고형, 감정형, 감각형, 직관형)이론과 융의 태도 이론(외향형／내향형)을 토대로 만들어졌다.45)

MBTI는 사람마다 독특한 사고방식이나 행동 양식이 있는데, 이 차이는 우연에 의한 것이 아니라 관찰할 수 있는 몇 가지 기본적인 선호 경향에 의한 것이라고 가정하면 성격이란 가설적 개념으로 그 사람의 행동과 모습을 이해하기 위해 설정한 개념이라고 보았다.

MBTI에서는 사람들이 생각하고 행동하는 데 있어서 더 편안하고 익숙한 행동 및 사고방식을 나타내는 4가지 선호 경향 지표로 사람들의 성격유형을 구분한다. 성격유형 지표는 외향성-내향성(에너지 방향), 감각-직관(인식 기능), 사고-감정(판단 기능), 판단-인식(행동 양식)이다.

MBTI은 기능과 기질을 바탕으로 16가지 성격유형으로 구분된다. MBTI는 현재 세계에서 가장 널리 쓰이는 성격유형 검사이지만 회의주의자들은 MBTI가 너무 애매하고 광범위하여 모든 종류의 개인성향에 적당히 맞아떨어진다는 점에서 비판적이다. 하지만 어떤 학자들은 MBTI 유형이 요약적이며 정밀하다고 주장하며 MBTI 유형들을 확장하기도 하였다.

에니어그램

Enneagram은 그리스어로 9를 뜻하는 Ennea와 점을 뜻하는 gram이 결합한 단어로, 9가지 성격유형을 뜻한다. 따라서 에니어그램은 아홉 가지로 이루어진 인간 성격유형과 유형들의 연관성을 표시한 기하학적 도형이며 크게 원과 삼각형, 헥사드로 이루어져 있어 9모형 또는 9도형이라고 한다.

정확하지는 않지만, BC 2500년경 중동지역 은둔 수행자와 이슬람 수도자들에 의해 영적 지도와의 상담에 사용되었고 엄격하게 구전된 것으로 알려져 있다. 신비주의적 종파인 수피파는 에니어그램을 지도자를 육성하기 위한 매뉴얼로 중시하였다.

에니어그램은 러시아의 구르지에프(Gurdijieff)에 의해 널리 알려지게 되었고, 그는 에니어그램의 상징을 우주 안에서 자신의 위치를 이해하고 자기 삶의 객관적인 목적을 일깨우는 수련 중심의 하나로 발전시켰다. 그 후 오스카 이차조(OscarIchazo)는 에니어그램의 사상을 정립하고 본격적인 연구를 시작하여 에니어그램의 상징과 관련된 유형론을 발전시켰고, 칠레에 설립한 아리카 연구소에서 에니어그램을 가르치기 시작하였다.

스탠포드 대학에서 에니어그램을 연구한 리소(Riso)는 에니어그램을 심리학과 접목시켜 여러 가지 분류와 이론을 정립하였다. 그는 9가지 성격유형에 대한 체계적인 정의를 마련했으며, 원래의 에니어그램에 자신의 통찰 내용과 결과를 더함으로써 에니어그램을 현대 심리학의 영역으로 발전시켰다.

6) 성격과 퍼실리테이션

　성격심리학은 퍼실리테이션 참석자의 개별 행동과 역기능(문제 행동)을 다룰 수 있는 도구가 되었으며, Carl Rogers의 '고객 중심 접근법' 연구(1995)를 통해 개인 성격에 대한 이해가 성공적인 퍼실리테이션을 위해 중요함을 알 수 있다.

　Howard Gardner의 신경심리학 연구(1999) 및 다중지능이론에의 적용, Daniel Goleman의 감성지능 연구(1995) 등을 통해 참석자들의 다양한 학습 패턴 및 학습 역량을 고려했을 때 퍼실리테이션이 성공적으로 진행될 수 있음을 알게 되었으며 이어지는 집단 심리학(group psychology) 연구, 집단행동(group behavior) 연구 등이 퍼실리테이션의 지평을 넓히는 데 기여하였다.[46]

5. 집단 상담

> "집중적인 집단 경험은 매우 강력한 효능을 가지고 있는데, 이것은 20세기에 이르러 가장 급속도로 확산되고 있는 사회적 발명의 하나다."　　　　　-칼 로저스-

　사람은 관계를 맺음으로 살아간다. 태어나는 순간 부모와 관계를 맺는 것으로 시작해 평생 관계를 맺는다. 어떤 관계를 형성하는지에 따라 행복이 결정된다. 관계 속에 만족을 느끼지 못하면 외로움, 우울, 불안 등 심리적인 어려움을 겪는다. 나아가 관계의 단절을 경험하는 아픔을 겪는다. 인생은 연습이 없다는 말처럼 관계를 배우기가 쉽지 않다. 배우기 위해서는 반복 연습, 시행착오, 그리고 피드백이 가능해야 한다.

그러나 집단 상담은 관계에 대한 연습과 배움을 제공한다. 실패해도 관계를 맺을 수 있고, 전문가의 피드백을 받고, 갈등 상황에서도 서로를 외면하지 않고, 자신의 마음을 전하고 상대방의 마음을 들을 수 있는 관계를 경험하는 것이 집단 상담이다.

1) 집단 상담의 정의

집단 상담은 적은 수의 동일 목적을 가진 구성원들이 한 두 사람의 전문가의 지도하에 집단 혹은 상호 관계성의 역학을 토대로 하여 믿음직하고 수용적인 분위기 속에서 개인의 태도와 행동의 변화 혹은 한층 높은 수준의 개인의 성장 발달 및 인간관계 발달의 능력을 촉진시키려는 의도에서 이루어지는 하나의 역동적인 대인관계의 과정이다.[47]

집단 상담은 지식이 아닌 실제적인 자기 체험을 통하여 자신과 타인의 이해를 도와주고, 대인관계에서의 불편함, 소외감, 오해와 갈등을 집단을 통해 함께 느끼고 해결해 나감으로써 보다 성숙한 인간이 될 수 있는 기회를 제공한다. 개인이 직접 참여하여 스스로 생각하고 느끼는 내용을 서로 주고받는 과정에서 변화를 체험할 수 있는, 짧은 시간이지만 서로를 깊이 알 수 있는 참 만남의 시간이다.

2) 집단 상담의 목적

① 자신에 대한 이해를 통해 자아 존중감을 향상시킨다.
② 타인에 대한 이해가 깊어진다.
③ 공감 능력과 의사소통 능력을 향상시킨다.
④ 사회적 기술과 대인관계 능력을 발전시킨다.
⑤ 개인적 성장에 자신감을 갖는다.

3) 집단 상담의 특징

집단 상담의 장점

첫째, 짧은 시간에 많은 사람의 성장을 도울 수 있으며, 시간과 노력을 크게 줄일 수 있어 경제적이다.

둘째, 개인상담에서는 상담자와 일대일 만남으로 상담자를 권위자로 보아 부담을 느끼나 집단 상담에서는 참여자들 간의 동등함을 가져 평안함을 느낄 수 있다.

셋째, 참여자들 간의 상호 작용으로 인해 자신 및 타인에 대한 이해가 깊어지고 자신의 지각의 폭을 넓힐 수 있다.

넷째, 동료들 간에 서로의 관심사나 감정을 터놓고 이야기할 수 있기 때문에 소속감과 동료의식을 쉽게 발전시킬 수 있다. 뿐만 아니라 다양한 집단 구성원을 만남으로써 개인상담에서 할 수 없는 여러 가지 풍부한 학습 경험을 할 수 있는 장점이 있다.[48]

집단 상담의 단점

첫째, 집단 상담을 인간의 행동을 변화시키는 절대적인 수단으로 보려는 경향이 있는데, 집단 상담은 인간의 행동을 변화시키는 여러 상담 방법 가운데 하나이며, 적지 않은 실패와 부작용도 있다.

둘째, 집단 상담에서는 특정 집단원의 문제가 충분히 다루어지지 못할 가능성이 많다.

셋째, 집단 상담 과정에서 집단 압력에 의해서 상처를 입게 될 수도 있다.

넷째, 어떤 집단원은 집단 상담 경험을 통해서 생활양식과 가치관의 변화가 일어날 경우 그 변화로 인하여 안정감을 상실할 수 있다. 즉 집단 상담에 참여하기 전에는 현실에 적응해서 살았으나, 그것을 경험한 후에는 지금까지의 생활양식이나 가치관에 만족할 수 없어서 변화하려고 노력하게 된다. 그 과정에서 비록 일시적이긴 하지만 안정감을 상실할 수도 있다.[49]

다섯째, 집단 상담자의 역량 부족으로 참여자들에게 오히려 피해를 주는 경우가 있다.

4) 집단의 형태

집단 상담은 그 형태와 접근 방식에 따라 여러 가지로 나눌 수 있다. 미국 집단상담전문가협회(ASGW)에서는 집단 상담 전문가로서

고급 역량을 실천할 때 알아야 할 네 가지 영역으로 과제수행 집단, 심리교육 집단, 상담 집단, 심리치료 집단을 제시한다.50)

과제수행 집단

과제수행 집단(또는 과제촉진 집단)은 특별 전문 프로젝트팀이나 위원회, 계획 입안 집단, 인적 자원개발팀, 치료학회, 지역사회 관련 기관, 사회활동 집단, 토론 집단, 연구그룹, 학습 공동체 및 이와 유사한 집단을 포함한 많은 조직이나 기관에서 주로 시행한다.

과제수행 집단 전문가는 조직 평가, 훈련, 프로그램 개발, 자문 및 프로그램 평가에 필요한 기술을 개발해야 한다. 이러한 집단은 수행을 향상하고 집단에서 확인된 목표를 성취하기 위해서 집단 역동의 원리와 과정을 적용하는 데 초점을 둔다.

심리교육 집단

심리교육 집단은 집단 내부나 집단에 걸쳐서 구조화된 일련의 절차를 통해 집단 구성원들의 인지적, 정서적, 행동적 기술들을 개발시키는 데 중점을 두고, 교육적 결핍과 심리적 문제를 예방하는 것을 목표로 삼는다. 이러한 집단 작업의 전문화는 실제적인 정보를 전달하고 토론하며 통합하는 것을 다룬다.

심리치료 집단

심리치료 집단은 치료를 목적으로 한다. 심리치료 집단을 전문으로 하는 집단 상담자는 집단 구성원 개개인이 살아가면서 겪는 심리적인 문제와 대인 관계적인 문제를 치료하도록 돕는다.

단기 집단

단기 집단 치료(BGT)는 일반적으로 시간제한이 있고, 종결해야 할 시기가 미리 정해져 있으며, 과정 지향적이고, 전문가에 의해 이루어진다. 시간제한이 있는 집단에서 분명한 규칙은 중요하며, 지도자는 집단 치료과정을 위한 구조를 제공한다.

5) 집단 상담자의 태도

집단 상담자의 인간적 태도는 집단 전체의 분위기와 집단원의 성장 정도를 좌우할 만큼 큰 영향력을 가지고 있다. 집단 상담자는 그가 가진 인간적인 따뜻함과 상담자로서의 전문적 기술을 통해 집단원의 성장을 돕는다.

또한 집단 상담자는 집단원의 성장 잠재력을 믿고, 집단 과정을 거치면서 집단원이 성장해 나간다는 확신을 끝까지 잃지 않으며, 자신과 다른 집단원을 이해하고 서로의 성장을 돕도록 관계를 촉진시켜 나간다.

집단 상담자는 인간에 대한 믿음을 가지고 있으며, 있는 그대로 인간을 존중하고 수용하며, 선한 삶을 살아가려고 노력하는 사람이다. 이러한 노력을 바탕으로 형성된 성숙한 인간적 태도를 치료적 도구로 사용함으로써 집단원이 좀 더 행복한 삶을 영위해 나아갈 수 있도록 돕는다.

6) 집단 상담자의 전문적 자질

좋은 집단 상담자가 되기 위해서는 체계적인 훈련과 지도 경험을 통해 집단을 이끄는 데 필요한 전문적 기술을 습득하여 적절히 활용할 수 있어야 한다.[51]

관심
관심 기울이기는 말하는 사람에게 전적으로 관심을 표명하면서 그가 전하고자 하는 메시지를 경청하는 자세다. 이 기술의 중심 요소는 간단한 말이나 동작으로 반응을 보이는 것이다.(고개 끄덕이기, '으응' '그래', 느낌 반영 등)

경청
경청은 상대방의 입장에서 상대방의 생각이나 기분을 이해하기 위해 적극적으로 듣는 태도이다. 단순히 말의 내용을 파악하는 것에서 벗어나 상대방의 몸짓, 표정 그리고 음성에서 섬세한 변화를 알아차리고, 그 바탕에 깔려 있는 감정까지 파악하는 것을 말한다.

반영
반영은 집단원이 행동이나 말로 표현한 기본적인 태도, 행동, 주요 감정을 다른 참신한 말로 바꾸어 말해 주는 것으로 느낌, 태도, 행동의 반영이 있을 수 있다.

명료화

명료화는 어떤 문제의 밑바닥에 깔려 있는 혼란스러운 감정과 갈등을 가려내어 분명히 해 주는 것이다. 집단원의 실제 반응에서 나타난 감정, 생각 속에 암시되었거나 내포된 관계 또는 의미를 분명하게 해 주는 것이다. 명료화를 통해 집단원은 자신이 미처 자각하지 못하고 있던 의미 및 관계를 분명히 구분해서 이해할 수 있게 된다.

해석

해석은 집단 구성원의 행동이나 증상의 배후에 대하여 설명해 줌으로써 무의식적 동기나 갈등을 의식화 할 수 있도록 돕는 것을 말한다.

촉진하기

촉진하기는 집단 구성원이 자신의 감정을 솔직하게 표현하고 집단 구성원 간에 적극적인 상호 작용이 일어나도록 하는 것이다. 지도자는 먼저 안전하고 수용적인 집단 분위기를 형성하여 집단 구성원이 적극적으로 집단에 참여할 수 있도록 한다.

연결 짓기

연결 짓기란 한 사람이 행동하거나 말한 것을 다른 사람의 관심과 연결시키는 방식을 말한다. 집단 상담자는 집단 구성원의 이야기를 서로 연결 짓는 방식으로 집단 구성원 간에 의사소통을 하도록 돕는 것이다.

비생산적인 행동 제한

비생산적인 행동 제한이란 집단 구성원의 바람직하지 못한 행동을 제한한다는 의미다. 이때 집단 상담자는 그 집단 구성원의 인격 자체를 비난하거나 공격하지 않으면서 그의 비생산적인 행동만을 제한한다.

피드백

피드백이란 행동에 대해 자신의 반응을 상호 간에 솔직히 이야기해 주는 과정을 말한다.

7) 집단 상담 과정

집단 상담은 집단 발달 단계가 명확하게 구분되지 않은 채 계속 발달해 나간다. 여기에서는 집단 과정의 이해를 돕기 위해 네 단계로 나누어 살펴보고 한다.

참여 단계

집단 활동이 첫 출발을 하는 시기로, 지도자는 분위기를 조성하여 집단원으로 하여금 자유롭게 자신의 생각과 느낌을 나눌 수 있도록 한다. 편안한 분위기 속에서 참여자들이 존중, 공감, 수용의 기본적 태도를 학습하도록 도와주고, 신뢰감과 친밀감을 느낄 수 있도록 노력해야 한다.

과도기 단계

과도기 단계는 집단 구성원이 집단과 다른 집단 구성원에 대하여 부정적인 정서 반응을 나타내는 것이 특징이다. 이 시기에 집단 구성원은 집단에 대하여 불만을 표현하게 되며, 자신이 바라는 대로 되지 않았을 때 욕구불만에 사로잡혀 지도자를 공격하기도 하고, 집단 구성원끼리도 서로 갈등을 일으키게 된다.

갈등과 불안이 높아진 이 단계에서 지도자의 역할은 집단 구성원의 저항과 방어를 다루기 위해 즉각 개입하고, 그것을 해결하기 위해 필요한 지지와 도전을 제공하는 것이다. 지도자가 집단 구성원의 방어와 갈등을 성공적으로 다루면 자연스럽게 집단 구성원 간에는 응집력이 생성된다.52)

작업 단계

갈등 단계를 넘어서면 부정적인 감정이 극복되고, 서로 도와주려는 집단 분위기가 조성되면 집단 구성원은 집단에 대한 좋은 느낌, 적극적인 관심과 애착을 갖게 된다.

이제 집단 구성원은 갈등에 직면하면서도 그것을 취급하는 방법을 학습하여 능동적으로 처리할 수 있게 되고, 행동에 대한 책임을 질 수 있으며, 집단의 문제 해결 활동에 참여할 수 있게 된다. 이 단계에서 지도자의 역할은 적절한 시기에 집단 구성원이 보여 주는 행동의 의미를 해석해 주어 더 깊은 수준의 자기 탐색이 이루어지게 하는 것이다. 또한 사고, 감정, 행동의 바람직한 변화가 일어나도록 집단 구성원을 돕고, 집단 과정을 통해 깨닫거나 알게 된 것을 행동으로 옮기도록 격려하고, 집단 구성원이 새로운 기술을 익히도록 격려한다.53)

종결 단계

종결 단계에 이르면 집단 구성원은 집단에서 자신이 이루고자 한 소기의 목적을 달성하게 된다. 지도자는 집단 구성원과 함께 진행되어 온 집단 과정을 돌아보는 한편, 집단 과정에서 익힌 것을 실생활에 어떻게 적용할 것인가에 대해서 이야기를 나누면서 집단의 전 과정을 마무리한다.

집단 상담은 집단 발달 단계가 명확하게 구분되지 않은 채 계속 발달해 나간다. 여기에서는 집단 과정의 이해를 돕기 위해 다섯 단계로 나누어 살펴보고 한다.

8) 집단 상담 계획

집단 상담에서 집단을 구성할 때 기본적으로 갖추어야 할 요소들이 있다.

우선 집단의 목적, 집단 구성원의 선정, 장소, 집단의 크기, 상담 시간 및 횟수 등 집단의 형성 과정에 세심한 주의를 기울여야 한다.

집단 구성원 선정

집단 구성원을 선정할 때는 사전 면담을 통해 집단의 목표에 적합한지를 확인해야 한다. 내담자가 도움을 받기를 원하고, 자기의 관심사나 문제를 말할 수 있어야 한다. 또한 성별·연령·성격적으로 문제가 있는지 등을 고려해야 한다. 무엇보다 중요하게 고려되어야 할 것은 응집성이다.[54]

장소

집단 상담 장소는 너무 크지 않으면서 외부의 방해를 받지 않는 물리적으로 편안한 곳이어야 한다. 이런 장소가 친밀감 형성에도 도움이 된다. 그리고 집단 구성원의 효과적인 참여를 위해서는 모든 집단 구성원이 서로 잘 볼 수 있고 서로의 이야기를 잘 들을 수 있는 곳이어야 한다.

집단의 크기

집단의 크기는 집단의 상호 작용 및 집단 상담의 효과와 직접적으로 관련된다. 어느 정도가 집단의 크기로 가장 적절한가에 대해서는 학자에 따라 서로 다르지만, 일반적으로 6~12명 정도가 가장 적절한 것으로 보고 있다.

상담 시간 및 횟수

적절한 집단 상담 시간은 내담자의 연령이나 모임의 종류 및 빈도에 따라 달라질 수 있다. 일반적으로 집단 상담의 전체 지속 횟수나 기간은 최소한 8~10회 정도로 잡는 것이 바람직하다.

개방집단과 폐쇄집단

집단의 구성은 개방적으로 하거나 폐쇄적으로 할 수 있다. 폐쇄집단에서는 집단을 시작할 때 참여한 사람들 외의 새로운 구성원은 받아들이지 않는다.

그러나 개방집단에서는 집단의 전 기간을 통해 아무 때나 새로운 구성원을 받아들인다.

집단 경험 보고서

집단 상담의 매 회기가 끝날 때마다 집단 구성원으로 하여금 그날의 집단 경험에 대하여 보고서를 작성하여 다음 회기 때 제출하게 하고, 그에 대해 지도자가 피드백을 해 주는 것이 집단의 발달과 개인의 성장에 도움이 된다.

9) 집단 상담과 퍼실리테이션

집단 상담은 퍼실리테이션과 유사한 부분이 많다. 집단 상담 과정, 집단 상담의 계획, 집단의 구성, 지도자의 자질과 태도 등 집단 상담을 잘 이해하면 퍼실리테이션을 유능하게 진행할 수 있다.

6. 참여적 의사 결정

"참여하는 사람은 주인이요, 그렇지 않은 사람은 손님이
다."
                                                        - 도산 안창호 -

20년 전까지만 해도 정보를 먼저 습득하는 사람이 성공하는 정보
시대였다. 그러나 지금은 스마트폰의 보급으로 누구나 쉽게 정보를
얻을 수 있는 빅데이터 시대에 살고 있다. 언제 어디서든 원하는 정
보를 쉽게 얻을 수 있지만 그것을 성공으로 연결하지 못하는 것은 정
보처리 능력의 부재 즉 행동하지 않기 때문이다.

최근 신조어 중에 NATO(No Action Talking Only)족이 있다.
'말만 하고 행동은 하지 않는다'라는 영어의 약자를 따서 만든 신조어
로 원대한 계획을 늘어놓지만 차마 실천하지 못하는 사람, 뭐든지 적
극적으로 추진할 것을 말로는 얘기하나 그저 말 뿐인 사람들이 바로
여기에 해당된다.

신조어는 그 시대 문화를 담고 있다. 많은 정보를 알고 있으나 실
행하지 않는 현대인이 모습을 반영하고 있다.

사회가 발전하기 위해서는 정보의 수집을 넘어서 행동으로 나아가
는 능력이 필요하다. 우리나라 근대사를 보더라도 시민의 적극적 행

동의 결과가 민주화를 이뤄냄을 경험했다.

이제 더 나은 사회를 만들기 위해 행동할 때이다. 사회 문제에 적극적으로 참여해야 한다.

1) 참여적 의사 결정의 개념

참여의 영어 알파벳 Participation은 라틴어의 'par'에서 나온 말로 '같이 한다(share)', '역할을 취한다'라는 의미가 있다. 옥스퍼드 사전에서는 'PDM(Participative Decision Making)'을 '적어도 두 사람 이상이 관련되고 이러한 사람들 사이에서 공통적으로 분담되는 것이 있어야 한다'라고 정의했다.55)

참여의 개념은 경제학, 경영학, 사회학, 심리학, 법학, 행정학 등의 여러 분야에서 다양한 패러다임과 과정으로 접근되어 왔기에 설명하는 이론들이 다양할 뿐 아니라 다루어지는 주제들도 광범위하다.

조직 행동학에서는 참여를 '의사 결정의 관여 혹은 정책이나 제안의 형성에 관여하는 행위'라고 정의하는 반면, 사회심리학적 입장에서의 참여는 개입(involvement) 및 영향력(influence)과 동일한 개념으로 사용된다.56)

참여적 의사 결정 연구자들의 공통된 요소를 찾을 수 있는데 이는 균등한 영향력과 힘의 공유이다.

참여적 의사 결정은 조직의 문제 해결 및 성과 창출을 위해 조직 내 구성원들의 자발적 혹은 비자발적인 의사 결정을 위한 영향력 행사라고 정의할 수 있다. 참여적 의사 결정은 참여자가 의사 결정의 주도력을 발휘하므로 주인 의식과 조직의 목표 달성에 동기를 부여하여 참여자들의 태도와 가치에 영향을 미친다.

2) 참여적 의사 결정의 구성 요소 및 영향력 과정

참여적 의사 결정의 유형은 참여의 수준, 참여의 정도, 참여의 내용, 참여의 형태로 구분되어진다. 참여의 수준에 따라 전략적 수준, 기능적 수준, 작업장 수준으로 분류하며, 참여의 정도에 따라 무참여형, 협의형, 완전 참여형으로 구분한다.

참여의 형태로 강제적 참여와 자발적 참여로, 직접 참여와 간접 참여로, 공식적 참여와 비공식적 참여로 분류한다.[57] 참여적 의사 결정은 보다 더 정확하고 올바른 의사 결정을 이룰 수 있다. 또한 외부 환경에 대한 적절한 대응 기회가 된다(Locke & Schweiger, 1979).[58]

3) 참여적 의사 결정의 중요성[59]

참여적 의사 결정의 중요성을 강조하는 학자들의 견해를 보면 조직 구성원을 의사 결정에 참여시킴으로써 더 많은 정보와 지식을 이용할 수 있으며, 보다 많은 대안을 만들어 낼 수 있고, 의사 결정의 최종단계에서 조직 구성원의 공감을 얻을 수 있으며, 보다 활발한 의사소통이 가능해진다. 또한 정확한 의사 결정이 신속하게 이루어질 수 있다(Griffin, 1984).

의사 결정에 참여가 이루어질 때 조직 목표 달성이 용이해지며 조직이 사명감과 공감을 증가시켜 직무 만족과 사기, 의사 결정 기술에 도움이 된다(Vroom & Jago, 1988).

특히 노사 간 활발한 경영 참여가 현실화할 때 조직과 구성원 상호 간 이해의 폭이 증가한다. 참여적 의사 결정은 조직의 리더와 종사자들 간의 신뢰 구축은 물론 직무 만족, 열정, 비전 공유, 조직 몰입 등의 조직 성과에도 자연스럽게 이어지는 기반이 된다.

참여적 의사 결정이 기업 성과의 향상과 갈등 해소, 외부 환경의 능동적인 반응의 기회가 될 수 있고, 의사 결정의 질(decision quality)을 개선할 수 있으며, 조직 구성원들의 상호 관계를 긍정적으로 만들 수 있다(Ramsdell, 2000).

의사 결정 참여는 슈퍼바이저나 동료 간의 참여 수준이 높으면 높을수록 역할의 명확성으로 인해 갈등 해결을 위한 기회의 가능성이 높아질 수 있다고 보았다(Schuler, 1977).

사람들이 통제, 참여, 자존심, 자아실현과 같은 욕구를 가지고 있을 때 의사 결정에 참여하고 자신들의 과업을 통제할 기회가 주어지면 보다 높은 수준의 만족이 가능하다.

반면에 의사 결정 참여 기회의 부재는 불만족의 심각한 원인이 되며 이러한 참여의 기회가 주어지지 않는 조직의 경우 결근율이 높고 이직을 초래한다고 주장한다. 따라서 구성원의 의사 결정 참여는 구성원이 조직에 대해 갖는 동기 부여뿐만 아니라 구성원들에게 정보를 공유할 수 있게 해주며 특히 자아실현에 대한 욕구 충족을 가능하게 함으로써 조직의 성과와 조직에 대한 긍정적 태도 형성의 한 방법이 될 수 있다(Lawler, 1988).

참여적 의사 결정은 종사자들이 의사 결정 과정에 참여함으로써 조직에 몰입하게 되고, 조직 성과가 높아지며, 조직의 갈등 해결에도 도움이 되어 결과적으로 조직의 안정에 기여하는 긍정적인 효과가 있다(장수환, 2015).

참여적 의사 결정의 4가지 핵심 가치

참여적 의사 결정의 4가지 핵심 가치는[60] 첫째, 온전한 참여로 모든 구성원들이 제 목소리를 내고 속마음을 꺼내 놓을 수 있도록 권장하여 그룹에 내재하고 있는 다양한 의견과 배경을 인정하고 탐색하게 한다.

둘째, 상호 이해로 구성원들은 서로의 욕구와 목적에 대한 정당성을 이해하고 받아들임으로 모든 당사자의 이해관계에 도움이 되는 혁신적인 아이디어를 내게 된다.

셋째, 포괄적 해법으로 그룹의 지혜는 모든 구성원들의 관점과 욕구를 통합할 때 생성된다.

넷째, 공유 책임으로 참여적 그룹에서는 구성원들이 마지막 결정에 이르기 전까지는 서로의 의견을 주고받는 일에 모든 노력을 쏟아낸다. 또한 그 결정이 좋은 방향으로 귀결될 수 있도록 절차를 설계하고 운영하는 일에 모두가 책임 의식을 갖는다.

4) 참여적 의사 결정의 기법들[61]

자문 위원회

자문 위원회는 특정한 정책 이슈에 관하여 정부 또는 국회에 자문을 제공하기 위한 목적으로 정부 또는 국회에 의해 설치되는 기구로, 주로 지역적 관심을 불러일으키는 문제에 관하여 논의하기 위하여 이해관계자 및 일반 시민들이 정기적으로 가지는 토론 모임의 성격을 갖는다.

규제 협상

규제 협상은 규제 정책의 대안적인 결정 방식으로, 규제 기관이 공식적인 정책 결정에 들어가기 이전에 규제로 인해 영향받는 이해관계자들과의 상호 논의와 협상을 통해 규제 내용에 관한 합의를 도출하고 이 과정을 통해 작성된 정책 대안을 규 제기관이 수용하는 모델이다.

라운드 테이블(Round Tables)

라운드 테이블은 특정 사안에 대해 이해관계를 가지는 그룹·전문가·공공기관이 원탁에 모여 토론을 통해 합의를 이루는 방법이다. 여기서 라운드(Round)라는 명칭은 그 모임의 누구도 지휘자(head)가 되지 않으며 토론에 참여하는 모든 사람이 결정에 동등한 권한을 갖는다는 의미를 가진다. 특정한 문제에 관해 토론하여 해결 방안에 관한 합의에 이르는 것을 목표로 한다.

시나리오 워크숍(Scenario Workshop)

시나리오 워크숍은 주로 미래의 가능한 발전을 전망하고 평가하는 방법으로, 관련 행위자들 간의 밀도 있고 체계적인 대화를 통해 전망과 행동에 관한 계획을 공동으로 작성해 나가는 것이 핵심이다.

포커스 그룹(Focus Group)

포커스 그룹은 심층적인 여론을 확인하기 위하여 특정한 주제에 대해 소그룹 형태로 행해지는 토론을 말한다. 본 방법은 이슈에 대한 일반적인 여론을 확인하고자 할 때 주로 사용된다.

시민 배심원

20명 내외의 선발된 시민들이 주요 정책 문제에 관하여 전문가로부터 정보를 제공받고, 이를 바탕으로 4~5일간의 숙의 과정을 거쳐 결론을 도출하여 이를 정책 권고안의 형식으로 제출하는 모델이다.

플래닝 셀(Planning Cell)

플래닝 셀은 무작위로 선발된 약 25명의 시민이 주어진 계획이나 정책 문제에 대해 숙의를 통해 해결안을 제시하는 방법이다. 기본적으로 시민배심원제와 유사하지만, 시민 패널이 무작위로 선발되고, Cell 단위의 복수의 토론회가 동시다발적으로 진행된다는 점에서 차이가 있다.

공론 조사

공론 조사는 여론 조사 방법이 시민 대중의 피상적인 의견을 조사한다는 단점을 보완하기 위해, 숙의 과정을 거쳐 얻어진 숙고한 의견, 즉 '공론'(public judgement)을 조사하는 방법이다. 과학적 확률 표집을 통해 대표성을 가진 시민을 선발하여 정보를 제공하고 이에 대해 토의하게 한 후 참여자들의 의견을 조사한다.

합의 회의

합의 회의는 무작위로 선정된 10~30명의 일반 시민들로 이루어진 패널이 사회적 논쟁거리인 주제에 대하여 평가하는 일종의 시민청문회로 묘사될 수 있다.

시민 패널은 전문가 패널로부터 정보를 제공받고 숙의 과정을 거친 후 합의안을 도출하여 최종적으로 발표하는 형식이다. 합의 회의는 전문적인 판단을 내릴 필요가 있는 민감한 정책 사안을 전문가가 아닌 일반 시민이 판단을 내린다는 것이 특징이다.

참여적 의사 결정은 퍼실리테이션의 핵심 도구이다. 퍼실리테이션 현장에서 가장 많이 사용하고 있는 방법이다.

Part 4

학교 퍼실리테이션

학교는 학생과 교사로 이루어진 사회임에도 불구하고, 학생들을 위한 학생들의 세상이다. 청소년들 대부분의 활동이 학교에서 이루어 진다는 점에서 학교에서 퍼실리테이션을 배우고, 퍼실리테이션 활동을 하는 것은 퍼실리테이션 보급에 가장 효과적인 방법이다.

청소년들에게 활짝 열려가고 있는 퍼실리테이션 세상에서, 스스로의 주체적 참여와 의사 결정, 그룹 안에서 민주적 의사 결정을 경험하고 삶 속에 적용해 보는 경험은 학교라는 공간이 최적이다.

최근 학교 자치에 대한 관심이 높아지면서, 개별 학교에서 퍼실리테이션 방법을 활용하여 학습, 학급 회의, 교사 회의 등을 실행하는 교사와 학교가 증가하고 있다.

1. 학교 교육

나침반

어떤 사람이 길을 가다가 너무 지치고 힘들어서 나무에서 쉬고 있었다. 그 앞으로 달구지를 끌고 가는 사람이 지나갔다. 그는 달구지 주인에게 "나를 좀 실어 줄 수 있겠소?"라고 부탁을 했다. 달구지를 끌던 사람은 흔쾌히 승락을 했다. 지친 남자가 달구지를 끄는 남자에게 묻는다.

"여기서 예루살렘까지 얼마나 걸립니까?"
"네 삼십 분 거리입니다."
남자는 곯아떨어졌다. 삼십 분이 지나 잠에서 깨서 다시 묻는다.
"예루살렘이 이제 여기서 얼마나 걸립니까?"
"한 시간 걸립니다."
"아니 여보시오~ 아까는 삼십분 거리라더니 삼십분 후에 또 물으니 한 시간 뒤에 도착한다고 하세요?"
"이 달구지는 예루살렘 반대 방향으로 가고 있습니다."

방향 즉 목적의 중요성을 일깨우는 이야기이다. 교육에서도 나침반과 같은 역할을 하는 목적이 중요하다. 우리가 교육을 이야기할 때 교육의 목적을 놓치고서는 온전한 담론을 할 수가 없다.

1) 학교 교육의 목적

2015년 초중고 교육 개정안을 보면 우리나라의 교육은 홍익인간의 이념 아래 모든 국민으로 하여금 인격을 도야하고, 자주적 생활 능력과 민주 시민으로서 필요한 자질을 갖추게 하여 인간다운 삶을 영위하게 하고, 민주 국가의 발전과 인류 공영의 이상을 실현하는 데 이바지하게 함을 목적으로 하고 있다.

교육 이념을 바탕으로 추구하는 인간상

① 전인적 성장을 바탕으로 자아 정체성을 확립하고 자신의 진로와 삶을 개척하는 자주적인 사람.

② 기초 능력의 바탕 위에 다양한 발상과 도전으로 새로운 것을 창출하는 창의적인 사람.

③ 문화적 소양과 다원적 가치에 대한 이해를 바탕으로 인류 문화를 향유하고 발전시키는 교양 있는 사람.

④ 공동체 의식을 가진 세계 시민으로서 배려와 나눔을 실천하는 더불어 사는 사람.

교육 과정을 통해 기르고자 하는 역량

① 자아 정체성과 자신감을 가지고, 자신의 삶과 진로에 필요한 기초적 능력 및 자질을 바탕으로 자기 주도적으로 살아갈 수 있는 자기 관리 역량.

② 문제를 합리적으로 해결하기 위하여 다양한 영역의 지식과 정보를 처리하고 활용할 수 있는 지식정보 처리 역량.

③ 폭넓은 기초 지식을 바탕으로 다양한 전문 분야의 지식, 기술, 경험을 융합적으로 활용하여 새로운 것을 창출하는 창의융합 사고 역량.

④ 세상을 보는 안목과 문화에 대한 공감적 이해를 바탕으로 삶의 의미와 가치를 발견하고 향유하는 심미적 감성 역량.

⑤ 다양한 상황에서 자신의 생각과 감정을 효과적으로 표현하고 타인과 소통하며 갈등을 조정하는 의사소통 역량.

⑥ 지역·국가·세계 공동체의 구성원에게 요구되는 가치와 태도를 가지고 공동체의 문제 해결에 적극적으로 참여하는 공동체 역량.

교육 과정 구성의 중점

바른 인성을 갖춘 창의 융합형 인재를 양성하기 위해 이 교육 과정은 다음에 중점을 둔다.

① 학교생활 전반을 통하여 바른 인성을 함양하고 미래 사회가 요구하는 역량을 계발한다.

② 전인적 성장을 위해 인문·사회·과학기술 소양을 균형 있게 함양하도록 한다.

③ 학생의 적성과 진로에 따른 선택 학습이 가능하게 한다.

④ 교과의 핵심 개념을 중심으로 학습량을 적정화하여 학습의 질을 개선한다.

⑤ 학생 참여형 수업을 활성화하여 학습의 즐거움을 경험하도록 한다.

⑥ 학생의 성장과 수업 개선을 위해 학습의 과정을 중시하는 평가를 강조한다.

⑦ 교육 목표, 교육 내용, 교수·학습, 평가의 일관성을 도모한다.

⑧ 국가 직무능력 표준을 활용하여 산업 사회가 필요로 하는 기초 역량과 직무 능력의 함양을 강조한다.

2) 학교급별 교육 목표

초등학교 교육 목표

초등학교 교육은 학생의 일상생활과 학습에 필요한 기본 습관 및 기초 능력, 바른 인성을 함양하는 데 중점을 둔다.

① 자신의 소중함을 알고 건강한 생활 습관을 기르며, 풍부한 학습 경험을 통해 꿈을 찾아 표현한다.
② 학습과 생활에서 문제를 발견하고 해결하는 기초 능력을 기르고, 이를 새롭게 경험할 수 있는 상상력을 키운다.
③ 다양한 문화 활동을 즐기고 자연과 생활 속에서 아름다움과 행복을 느낄 수 있는 심성을 기른다.
④ 규칙과 질서를 지키고 협동 정신을 바탕으로 서로 돕고 배려하는 태도를 기른다.

중학교 교육 목표

중학교 교육은 초등학교 교육의 성과를 바탕으로, 학생의 학습과 일상생활에 필요한 기본 능력과 바른 인성, 민주 시민의 자질 함양에 중점을 둔다.

① 심신의 조화로운 발달을 바탕으로 자아 존중감을 기르고, 다양한 지식과 경험을 통해 적극적으로 삶의 방향과 진로를 탐색한다.

② 학습과 생활의 문제를 분석하고 해결하는 능력을 바탕으로, 도전 정신과 창의적 사고력을 기른다.

③ 자신을 둘러싼 세계에 대한 경험을 토대로 우리나라와 세계의 다양한 문화를 이해하고 공감하는 태도를 기른다.

④ 공동체 의식을 바탕으로 타인을 존중하고 서로 소통하는 민주 시민으로서의 자질과 태도를 기른다.

고등학교 교육 목표

고등학교 교육은 중학교 교육의 성과를 바탕으로, 학생의 적성과 소질에 맞는 진로 개척 능력과 세계 시민으로서의 자질을 함양하는 데 중점을 둔다.

① 성숙한 자아의식과 바른 품성을 갖추고, 자신의 진로에 맞는 지식과 기능을 익히며 평생학습의 기본 능력을 기른다.

② 다양한 분야의 지식과 경험을 융합하여 창의적으로 문제를 해결하고, 새로운 상황에 능동적으로 대처하는 능력을 기른다.

③ 인문·사회·과학기술 소양과 다양한 문화에 대한 이해를 바탕으로 새로운 문화 창출에 기여할 수 있는 자질과 태도를 갖춘다.

④ 공동체에 대한 책임감을 바탕으로 배려와 나눔을 실천하며 더불어 살아가는 세계 시민으로서의 자질과 태도를 기른다.

3) 학교의 현주소

이상

교육 이념의 목적과 목표 그리고 거기에 따른 인간상과 역량을 살펴보았다. 교육 목적을 실현하기 위해 국가에서 정책을 추진하며 거기에 따른 필요한 모든 것들을 지원하고 있다. 학교는 정부의 지원을 받아 교육 목표를 실현하기 위한 활동을 한다. 교육의 목적이 온전히 이루어지면 학생은 학교에 가고 싶어 할 것이며, 학부모는 학생들을 학교에 보내고 싶어 할 것이며, 교사는 보람을 가지고 가르칠 것이다. 이상적인 학교가 되는 것이다.

현실

그런데 2015년 한국 아동·청소년 인권실태 조사 연구IV에 보면 차별 경험 항목에서 공부를 못한다는 이유로 받은 차별이 30.5%로 가장 높고, 그 다음으로 나이가 어리다는 이유로 받은 차별(25.5%), 남자 또는 여자라는 이유로 인한 차별(24.3%), 외모나 신체 조건으로 인한 차별(23.3%) 순이었다.

공부를 못한다는 이유로 차별을 받는 경우는 교급이 올라갈수록(초등학생 13.7%, 중학생 30.3%, 특성화고 학생 43.5%, 일반/특목/자율고 학생 44.0%) 더 심했고, 학업 성적이 낮을수록(상 16.1%, 중 30.3%, 하 47.9%), 경제적 수준이 낮을수록(상 24.2%, 중 32.1%, 하 44.8%) 더 높은 것으로 나타나, 학생 차별은 학교급, 학업 성적, 경제적 수준과 관련이 있음을 보이고 있다.

아동·청소년의 스트레스 항목에서는 '학업 문제(학업 부담, 성적 등)로 인한 스트레스'가 67.2%, 그 다음으로 '미래(진로)에 대한 불안' 50.5%, '외모 및 신체 조건' 26.6%, '또래와의 관계' 19.2%, '가정불화' 15.8%, '경제적인 어려움' 11.2% 등의 순으로 학업 문제나 미래에 대한 불안 등이 초·중·고 학생들의 가장 큰 스트레스 요인으로 나타났다.

아동·청소년 자살 생각 항목에서는 30.0%가 최근 1년간 죽고 싶다는 생각을 해 본 것으로 나타났고, 죽고 싶다는 생각을 하게 된 이유는 학교 성적이 42.7%로 가장 높았고, 그 다음으로 가족 간의 갈등(24.2%), 기타 이유(20.1%), 선후배나 또래와의 갈등(11.1%) 등의 순으로 나타나, 학업 부담은 스트레스와 행복, 그리고 죽고 싶은 생각과도 관련이 있음을 보이고 있다.

정리를 하면 학업 문제가 학생들을 차별하며, 스트레스받게 하며, 자살을 생각하게 하는 등 학생들을 가장 힘들게 하는 요인으로 나타났다.

입시 공화국

학교 교육이 교육 이념의 목표 실현을 위해 초등학교 시기에는 기초학력과 인성을, 중학교 시기에는 초등학교의 목표를 바탕으로 민주시민 교육을, 고등학교 시기에는 진로 개척 능력과 세계시민 자질 함양을 교육해야 하나 현실은 이른바 명문대를 향한 무한경쟁 속에서 한 줄 서기만이 강조되고 있다.

이러한 입시경쟁으로 인하여 한국 청소년들은 다른 나라 청소년에 비해 심한 학업 스트레스를 받고 있다. 우리 사회는 이런 문제를 인식하고는 있지만, 여전히 교육은 서열화의 도구로 전락하고 있다.

외국 교육자가 본 한국의 교육

미국의 교육 기고가 아만다 리플리(Amanda Ripley)는 저서 「무엇이 이 나라 학생들을 똑똑하게 만드는가」에서 한국 학교 교육의 모습을 압력 밥솥에 비유하고 있다.[62]

한국, 24시간 학교가 절대 끝나지 않는 나라 "아침 8시에 등교해서 오후 4시까지 수업을 받는다. 수업이 끝나면 보충수업을 듣고 학교 식당에서 저녁을 먹은 뒤 다시 야간 자율학습을 한다. 밤 9시에 학교 문을 나서지만, 발길은 집이 아니라 학원으로 향한다. 학원 교습 제한 시간을 정해 단속해야 할 정도로 늦은 시각까지 공부는 이어진다. 한국에서는 학교가 절대 끝나지 않는다."라고 말하면서 학생들을 극도의 경쟁 구도 안에 밀어 넣고, 학생들에게 너무 긴 시간의 공부를 강요하고, 그리고 사교육이 번창하고 공교육 현장은 황폐화되어가고 있다고 말한다.

도대체 언제까지

학교 교육 시스템은 너나 할 것 없이 붕어빵처럼 똑같이 짜인 일상과 빈틈없이 짜인 틀 안에서 학생들은 부모님이, 혹은 학교에서 강제하는 지침대로 수동적으로 움직이기만 하면 점수를 딸 수 있게 되어 있다.

다람쥐 쳇바퀴처럼 빠르게 쉬지 않고 돌아가는 일상은 자아 정체성을 확립하고 자신의 진로와 삶을 개척하는 자주적인 사람, 창의적인 사람, 교양 있는 사람, 공동체 의식을 가진 세계 시민으로서 배려와 나눔을 실천하는 더불어 사는 사람으로서 고민할 겨를조차 주어지지 않는다. 학생들은 학업에 치여 자신을 이해하고 문제를 스스로 해결할 수 있는 시간도 부족하고 에너지도 부족하다.

학교 교육은 항해자가 나침반을 잃어버린 것처럼 교육의 이념을 온전히 실현하지 못함으로 교육의 주체들인 학생, 학부모, 교직원 모두가 스트레스를 받으며 힘들어하고 있다.

2. 민주 시민 교육

학교 교육의 황폐화는 단순히 학교 내의 문제만이 아니라 사회의 문제이며 국가의 문제이다. 한국 사회는 심한 이념 대립으로 오랫동안 갈등을 겪고 있다. 최근에는 이런 대립이 더 과격해지고 빈번히 일어나고 있다. 대화와 타협은 실종이 되어 버렸고, 배려와 이해가 상실된 체 이익과 기득권을 위한 일방적인 주장만을 내세워 사회 갈등과 불안이 조장되고 있다.

이는 초등학교 교육의 목적 네 번째 '규칙과 질서를 지키고 협동 정신을 바탕으로 서로 돕고 배려하는 태도를 기른다'와 중학교 교육의 목표 네 번째 '공동체 의식을 바탕으로 타인을 존중하고 서로 소통하는 민주 시민으로서의 자질과 태도를 기른다'를 등한시한 결과다.

이제는 입시 경쟁으로 소외되었던 위의 교육 목적을 달성하기 위해 다양한 교육 방법들이 제고되어야 한다.

1) 헌법 정신

인간은 더불어 살아가야 하는 존재이다. 우리는 대한민국이라는 국가 테두리 안에서 함께 살아가야 한다. 우리나라의 교육 목적은 홍익인간의 이념 아래 모든 국민으로 하여금 인격을 도야하고, 자주적 생활 능력과 민주 시민으로서 필요한 자질을 갖추게 하여 인간다운 삶을 영위하게 하고, 민주 국가의 발전과 인류 공영의 이상을 실현하는 데 이바지하게 하는 데 있다.

대한민국 발전을 위해 교육을 받아야 한다. 대한민국 헌법 제1조 제1항은 '대한민국은 민주공화국이다.'이다. 이 조항은 우리 헌법 중 가장 중요한 조항이며, 대한민국 헌법의 기본 원리이다.

'민주공화국'은 '민주주의'와 '공화주의'라는 두 원리로 구성되어 있다. 민주주의는 기본적으로 주권 재민, 권력 분립, 기본권 보장이다. 공화주의의 주요 요소는 법치, 공공선, 그리고 시민적 덕성이다.

대한민국 헌법 제1조 제1항의 민주공화국은 한마디로 국민이 주인인 모두의 나라로서 자유롭고 평등한 국민이 공동선을 추구하여 연대한 국가적 공동체이다. 그리고 이러한 민주공화국은[63] ① 자유롭고 평등한 국민의 법적·사실적 지위의 보장 ② 모든 국민이 함께 참여하여 공동체의 의사를 결정하는 민주적 의사 결정 과정 및 그 실질적 구현을 위한 정신적·물질적 토대의 마련 ③ 구성원 사이의 갈등과 분쟁을 조정·통합할 수 있는 의사수렴과 의사소통 절차의 마련 ④ 독점적·자의적 권한 행사 예방을 위한 권력 분배와 권력 상호 간의 견제 체계 마련 ⑤ 국가 권력에 대한 시민 사회의 지속적인 민주적 통제와 이를 실현할 수 있는 제도와 절차의 마련 등을 그 핵심적 내용으로 해석할 수 있다.

헌법 정신의 실현을 위해 현실 정치는 대의 민주주의(대의제)를 실현하고 있으나 대의제는 태생적인 한계를 가지고 있다. 이 한계를 극복하기 위해 참여와 숙의 민주주의가 논의되고 실험적으로 운영되고 있다.

2) 참여 민주주의

대의제의 한계를 보완하기 위하여 적극적이고 직접적인 시민들의 '참여'를 강조하는 '참여 민주주의'와 '숙의를 통한 공공선의 실현'을 강조하는 '숙의 민주주의'가 등장했다.

대표의 실패

참여 민주주의를 주장하는 학자들은 크게 '철학적 관점'과 '대표의 실패'로 대의 민주주의의 한계를 지적한다. 철학적 관점에서 헌법 해석의 첫 번째 문항에서 자유와 평등을 말한다. 대의 민주주의는 개인의 자유의 관점에서 시민들의 정치 참여를 단순히 정책을 심의하고 결정할 그들의 대표자를 선출하는 것에 국한함으로써 시민들의 자율성, 자치적인 측면에서 자유를 심각하게 훼손하고 있다.[64]

대표 정치의 한계를 보완하기 위하여 적극적이고 직접적인 시민들의 '참여'를 강조하는 '참여 민주주의'와 '숙의를 통한 공공선의 실현'을 강조하는 '숙의 민주주의'로 나타났다.

'대표의 실패'는 지금의 정치 체제가 주권자인 국민의 뜻을 제대로 반영하지 못하고 있다. 대의정치가 이익집단을 대변하는 경향을 보이고, 국민을 위해 선출된 대표들은 주인인 국민들의 이익보다 자신의 이익을 추구하는 모습을 보이면서 국민의 신뢰를 얻지 못하고 있다.

2017년 한국언론진흥재단이 2016년 6월부터 8월까지 전국 성인 5천128명을 대상으로 설문한 결과 정치인은 10년 전 조사와 마찬가지로 신뢰도 점수가 가장 낮았다.[65]

한국CSR연구소에서 '2018 대한민국 대학생 신뢰지수', '일반인 신뢰지수'를 발표했는데, 대학생 및 일반인 남녀노소 모두 가장 신뢰하지 않는 집단이 정치인이었다.

이런 불신은 시민의 정치적 무관심을 키우고, 그에 따라 시민들의 정치적 소외감은 더욱 증폭되었다. '대표의 실패'에 따른 정치적 냉소주의가 유포되어, 대의민주주의는 국민의 신뢰를 상실하여 민주주의의 위기를 초래했다.

민주주의에서 국민의 참여는 필수 조건이다. 국민은 자신들이 법 제정 과정에 참여하는 가운데 자기 입법, 자기 결정, 자기 실천 속에서 자유로울 수 있고, 참여를 통해 개인의 인식 지평이 확대되며, 서로의 생각과 이해관계, 관심사를 공유하고 의사 결정 과정을 경험하면서 완전하고 조화로운 존재로 발전한다.

참여 민주주의에서 참여의 특징[66]

첫째, 국민은 참여의 과정 통해 다른 사람들의 협조를 얻기 위해 사적 이익보다 더 큰 문제들을 중시해야 한다는 사실을 알게 되고, 공적 이익과 사적 이익은 연계되어 있다는 사실을 배움으로 책임감 있는 사회적·정치적 행위자로 발전할 수 있다.

둘째, 참여는 국민들 사이에서 공동체 의식을 강화시킨다. 의사 결정에 대한 참여와 결정을 통해 개인을 공동체에 소속시키며 그 소속감은 공동체를 발전시키다.

셋째, 참여는 모든 사람을 평등하고, 서로 의존하게 한다. 이는 타인의 강권이 아니라 참여적 의사 결정을 거쳐 수립된 법이기에 개인들은 이를 성실하게 그리고 좀 더 흔쾌히 받아들일 수 있다.

3) 숙의 민주주의

대의제의 한계 속에서 참여 민주주의가 등장하였지만 이로 인해 시민들의 직접 참여 확대가 가져올 의사 결정 결과의 질 저하에 대한 우려와 비판으로 '참여' 그 자체보다 '숙의를 통한 공공선의 실현'을 강조하는 숙의 민주주의가 등장하였다.

숙의 민주주의자들은 단순히 '참여'와 시민의 범위와 숫자가 많은 것이 반드시 좋은 결과가 나오는 것은 아니며, 민주주의의 정당성을 보장하는 것은 아니라고 주장한다. 다수결보다는 토론과 설득을 통해 사회적 합의 속에서 민주주의의 정당성을 찾고자 하였다.

현대의 문화 다원주의 사회에서 사회적 갈등은 도덕적 불일치의 문제로 귀결되며, 정책 결정의 어려움과 갈등의 심화를 해결하는 데 있어 공론을 통한 정책 숙의와 사회적 합의가 적절한 해결 수단임을 주장한다. 숙의 민주주의는 대의 민주주의의 한계를 보완하고, 숙의 과정을 통해 참여 민주주의의 질적 수준을 향상하고자 한다.

민주주의에서 숙의의 효과[67]

첫째, 이해 당사자가 직접 대화와 토론, 심의를 통해 문제를 해결한다는 점에서 사회 문제를 해결할 수 있는 능력이 높다.

둘째, 정치적 정당성이 높다. 숙의 민주주의의 절차와 제도는 이 결정이 '최선의' 결정, 즉 가장 철저하게 검토되어 결정된 것이라는 것을 강조하면서 통치의 정당성을 확립하며, 결정에 대한 실행력 또한 향상한다.

셋째, 공공선의 실현과 의사 결정의 질 제고이다. 숙의는 충동적인 군중 심리와 무임승차의 경향, 적당히 참여하는 기회주의적 속성 등 다수의 참여에 따른 위험성을 막아 주는 역할을 할 수 있으며, 참여자들이 서로의 선호를 발견하고 설득하고 교정하면서 좀 더 정제되고 사려 깊은 공공의사 또는 집단적 의사를 형성해나간다.

넷째, 관심과 만족도의 향상이다.

4) 참여·숙의 민주주의와 학교의 관계

참여와 숙의 민주주의의 논의는 근래 들어 현대 사회의 문제를 해결하는 방안으로 적용되는데 근본적으로 현실 정치에서 참여와 숙의 민주주의의 제도를 실현하는 데 있어 선행되어야 하는 것은 학교에서의 민주 시민 교육이라고 보았다.[68]

민주 시민 교육

민주 시민을 양성하는 주요한 장으로서 학교를 강조하는데 학교는 대표적으로 '민주적 마음을 만들거나 기형을 만들 수 있는 곳'이다.[69] 학교는 민주주의의 핵심 개념과 가치를 학생들이 생생하게 경험하도록 이끌어야 한다.

이에 학교는 교육의 3주체인 교직원, 학생, 학부모가 자신의 삶의 조건과 관련된 학교의 주요한 의사 결정 과정에서 어느 누구 하나 배제되거나 소외되지 않고 평등하게 참여하도록 해야 한다. 그리고 숙의 민주주의의 핵심인 개인이 가지고 있는 주관적인 견해가 합리적 토론에 의해 구성원들의 설득과 동의에 의한 '합의'에 이르게 하여 공동체의 선을 이루도록 이끌어야 한다.

듀이는 학교 또한 사회처럼 그 모든 구성원이 동등한 자격으로 자신의 이익에 참여하도록 하고, 그 안의 여러 가지 공동생활의 형식 사이의 상호 작용을 통하여 제도를 융통성 있게 재조정해 나갈 수 있을 때, 사회적 효율성이 증진되고 교육의 목적인 민주 시민을 양성할 수 있다고 주장하였다.[70]

학교에서 참여와 숙의는 학교 수업 및 학교생활 전반의 의사 결정 과정에서 이루어져야 하며, 학교 모든 구성원들의 공동생활의 양식으로서 적용해야 한다.

자치

헬드가 제시한 '자치'(autonomy)의 원칙은 학교 민주주의를 뒷받침한다. 헬드가 말한 '자치'는 인간이 의식적으로 판단할 수 있으며, 자기 성찰적이고, 자기 결정적일 수 있는 능력을 의미하며, 법치 민주주의와 참여 민주주의 등 근대 정치사상에서 공동으로 가지고 있는 일련의 보편적인 열망이다.71)

자치의 원칙에 의한 참여와 숙의의 학교 민주주의는 인간의 자유와 행복의 실현이라는 민주주의의 이상을 추구한다. 교육의 주체들은 자신의 삶을 규정하는 법을 만들 때 반드시 참여하여 공동체 유익에 대한 판단을 근거로 의견을 제시하고, 공론화 과정을 통해 형성된 법규에 복종할 때 비로소 자유로울 수 있다. 또한, 공동체에 연대감과 유대감을 형성하고, 의사 결정 결과에 대한 정당성을 부여함으로써 참여자에게 공적 자유와 행복을 가져다준다.

참여와 숙의의 학교 민주주의

참여와 숙의의 학교 민주주의는 공교육이 추구하는 교육의 목표이자 이를 실현하는 가장 효과적인 수단이 된다. 교육 기본법 제2조에 의하면 우리나라 공교육의 목적은 '널리 인간을 이롭게 하라'는 홍익인간의 이념으로 인간다운 삶을 영위하고 민주국가의 발전과 인류 공영의 이상을 실현하는 것이며 이를 위한 방법으로서 '자주적 생활 능력'과 '민주 시민으로서 필요한 자질'을 갖추도록 한다. 즉 학교는 학생들에게 '자주적 생활 능력'과 '민주 시민으로서 필요한 자질'을 갖추기 위한 경험의 장, 자체가 되어야 한다.

인간은 참여함으로써 참여의 방법을 익히고 참여함으로써 시민이 된다. 학교에서의 참여와 숙의의 과정은 참여자로 하여금 민주 시민으로서 공동의 의사 결정에 참여하는 절차를 이해하고, 정보를 습득하며, 합리적으로 선택하는 방법을 배우게 되고, 타인의 생각과 이해관계를 이해하는 등 성숙한 시민으로 자라게 한다.

학교는 사회의 축소판으로 다양성과 다원성이 담긴 곳이자, 사회의 기초 단위를 이루는 모든 가정의 자녀들이 배경과 환경의 다양성과 생각과 판단의 다원성을 품고서 서로 교류하고 배움의 과정을 거치는 곳이다.[72] 이러한 이유에서 참여와 숙의는 학교가 추구해야 하는 가치이며 학교가 나아가야 할 방향이다. 결국 학교는 민주주의 자체를 실현해야 한다.

3. 학교 자치

생기발랄하며 꿈을 향해 달려가는 청소년기에 학생들이 가장 많은 시간을 보내는 곳이 학교이다. 가장 많은 시간을 보내는 학교에서 학생들은 행복할까? 학교는 학생들이 가고 싶은 곳일까?

2019년 12월 24일 통계개발원의 'KOSTAT 통계플러스'에 실린 내용을 보면 한국의 아동·청소년이 수면 부족으로 시달리고 있으며 행복도를 국제적으로 비교하면 경제협력개발기구(OECD)와 유럽 주요국 가운데 가장 낮은 것으로 나타났다. 한국 아동·청소년의 삶 만족도 평균 점수는 6.6점(2018년 기준)으로, OECD와 유럽 주요국과 비교해 최하위권에 속했다.

2020년 1월 15일 교육부는 학교 폭력 실태를 조사하여, 여기에 대한 대책을 발표하였다. 내용을 보면, 학교 폭력 피해 유형별 비중은 언어폭력(39.0%), 집단 따돌림(19.5%), 스토킹(10.6%), 사이버 괴롭힘(8.2%), 신체 폭행(7.7%), 성추행·성폭행(5.7%), 강제 심부름(4.8%), 금품 갈취(4.5%) 순이었다.

가해 유형은 같은 학교 같은 반(48.7%), 같은 학교 같은 학년(30.1%), 같은 학교 타 학년(7.6%), 타 학교 학생(3.2%), 모르는 학생(2.3%) 순이었다.

피해 장소별 비중은 학교 안(69.5%), 학교 밖(30.5%)이다. 학교 안을 보면 교실 안(30.6%), 복도(14.5%), 운동장(9.9%), 급식실, 매점(8.7%), 화장실(3.5%), 특별실(1.9%), 기숙사(0.4%) 순이었다.

학생들은 학교 폭력뿐 아니라 학업 문제로 차별, 스트레스, 자살을 생각하는 등 학교생활은 행복하지 않다.

1) 학교 자치란?

국가의 미래인 청소년들이 신체적, 심리적, 정신적으로 건강하게 성장하도록 하며, 학생들이 가고 싶은 학교를 만들기 위한 대안으로 학교 자치가 대두되고 있다. '학교 자치'란 학교가 교육 운영에 관한 권한을 갖고 교직원, 학부모, 학생 등 교육 주체들의 자발적 참여를 통해 교육 운영과 관련된 일을 민주적으로 결정하고 실행해 나가는 것이라고 정의할 수 있다.

학교 자치는 교육의 자주성과 전문성을 보장하는 교육 자치 이념을 학교 차원에서 구현하는 것으로, 권한 배분을 통한 학교 운영의 자율성 신장과 교육 주체의 참여를 통한 민주적 의사 결정을 핵심으로 한다.[73]

지방 분권, 자치와 함께 교육 자치가 정책적으로 강조되고 있으나 아직 학교 현장에 정착하지 못하고 있다.

2) 학교 자치의 목적

우리나라 교육사를 살펴보면 일제 시대 이후 중앙정부의 통제 가운데 학교 교육 활동이 이루어져 왔다. 즉 국가 수준 교육 과정 중심으로 학교 교육 활동이 진행되었다.

그래서 중앙정부가 교육의 질을 관리하고 정부의 교육 정책을 전국의 단위 학교에서 구현할 수 있었다. 하지만 다른 한편으로는 교육의 획일화 현상이 나타났고 시대적 요구나 교사, 학생, 학부모, 지역 사회 등의 다양한 요구에 대하여 제대로 부응하지 못하였다.

또한 관료주의 폐단이 나타나고 지역 교육청이나 단위 학교의 자율성과 책무성이 약화되었다.

　　중앙정부 주도의 교육은 획일화된 주입식 교육으로 학생들의 창의력을 떨어뜨리고 경쟁 위주로 학교를 서열화했으며 경제적 불평등과 함께 교육의 불평을 초래해 공교육에 대한 신뢰를 무너뜨렸다.

　　이러한 문제점을 극복하고 공교육의 신뢰를 회복하기 위해 학교 자치가 강조되고 있다. 더 이상 입시 위주의 교육이 아니라 자주적 의사 결정 능력과 민주 시민의 자질을 갖춘 시민을 길러내기 위함이 학교 자치의 목적이다.

3) 학교 자치 실현

정책의 변화

　　학교 자치의 실현을 위해서 교육 주체들이 자율성을 가지고 활동을 해야 한다. 지금까지 학교는 교육청의 지시를 받고, 예산을 배정받고, 그리고 교장의 권한에 의해 움직이는 지극히 상명하달의 구조였다. 수직적이고 경직된 문화가 학교를 이끌어 가고 있었다.

　　자치와는 너무나 거리가 먼 구조였다. 이런 구조 속에 교사는 하달된 공문과 학교장의 지시에 의한 수동적 참여, 학생들은 입시 위주의 성과를 위한 경쟁으로, 학부모들은 소수의 학부모회와 학교 요청에 의한 피동적인 활동을 할 수밖에 없었다.

　　학교 자치가 실현되기 위해서는 지금까지의 학교 문화가 바뀌어야 한다. 학교 자치의 3주체인 교원, 학생, 학부모가 자율적으로 참여 할 수 있는 제도적, 문화적 뒷받침이 이루어져야 한다.

교육부와 시도 교육청은 학교 민주주의 실현을 위한 교육 자치 로드맵을 구상하고 이를 추진하고 있다(2017, 전국시도교육감협의회). 교육부와 전국시도교육감협의회는 교육 자치의 목표를 '교육부→교육청→학교'로 이어지는 단계적 권한 및 사무의 배분을 통한 학교 자치와 학교 민주주의의 달성으로 설정하였다.

좀 더 세부적으로 살펴보면,74) 다음과 같다.

> 첫째, 교육부와 교육청은 학교 자치를 위해 학교 지원의 역할로서 기존의 위계적이고 관료적인 교육청의 모습을 탈피하여 현장을 지원하는 지원 센터로서 역할을 재구조화해야 한다.
> 둘째, 학교가 학교다울 수 있도록 불필요한 규제 폐지 및 행정 업무 경감, 교사의 교육 과정에 대한 자율권 확대, 학교 예산의 자율권 확대, 교감·교장 선발의 다양화 및 공모제 확대에 대한 정책이 필요하다.
> 셋째, 학교 민주주의 강화를 위한 교육청의 역할로 공동체를 통한 민주적 의사 결정을 확대하고, 교육 주체의 권한을 확대함으로써 실질적으로 학교 운영에 참여할 수 있는 제도를 마련해야 한다.

교육 주체들의 변화

교육 정책의 변화와 함께 교육 주체들의 변화가 동반되어야 한다. 학교 자치의 한 축인 교사들은 학교 자치를 한 번도 경험해 보지 못한 두려움, 그리고 관료주의 문화에 익숙한 태도, 시간적으로나 정신적으로나 마음의 여유가 없어 차라리 시키는 대로 하는 것이 효율적이라는 마음을 극복해야 한다.

학교 자치를 위한 조직 구성원의 개인적 혁신은 적극적으로 참여하고 나의 일, 우리의 일, 모두의 일이라고 생각할 수 있는 공동체적 관점을 자발적으로 갖는 일이다. 학교 자치는 결국 학교의 전문적 자율성을 존중하기 위한 것이며, 학교라는 조직의 민주적 운영과 학교의 개성을 살리기 위한 것이어야 한다. 이러한 학교 자치는 교사들의 자율성과 책무성에서 시작되는 것이다.

학생 자치는 학생들이 자율성을 가지고 스스로 주도적인 활동을 펼침으로써 민주 시민의 자질을 함양하는 활동이다. 학생 스스로가 학교 자치의 주체임을 기억하고 적극적으로 교육 활동에 참여해야 한다. 현재는 학생들이 자치 활동을 하고 싶어도 학교 제반 여건이 따라 주지 않는다. 초·중등 교육법에 학생의 자치 활동은 권장·보호되며, 그 조직 및 운영에 관한 기본적인 사항은 학칙으로 정하며 학교장은 학생의 자치 활동을 권장 보호하기 위하여 필요한 사항을 지원하여야 한다고 초·중등 교육법 시행령 제30조에 나와 있음을 기억해야 한다.75)

학생들이 자치 활동을 할 수 있는 공간, 시간, 그리고 예산과 적절한 교사의 지도가 필요하다. 학생들의 자치 활동은 서툴고 실수할 수 있다. 이 또한 배움의 과정이다. 성숙한 시민으로 성장하는 성장통이다. 자치 활동을 통한 참여와 의사 결정의 경험을 통해 성숙한 시민으로 자라간다.

학교에서는 학교 운영과 관련한 다양한 영역에서 학생의 참여 기회를 확대하고 교육 과정 운영에 있어 학생의 선택권(교과, 창의적

체험 활동, 동아리 활동 등)을 보장해 주고, 또한 학생을 존중하고, 그들의 권리를 보장하며, 학생 자치 활동을 위한 제반 여건을 조성하는 결단이 필요하다.

학생 자치는 학생 중심 교육의 기본 전제이며, 학생의 자발성과 주도성이 바탕이 된 참여 활동은 시민으로서의 권리와 의무를 배워 가는 시민 교육의 과정이다. 또한 자기 자신뿐 아니라 소속된 공동체의 문제를 스스로 해결해 나갈 수 있는 미래형 인재 양성의 선결 조건이다.[76]

학부모들은 학교 자치의 주체들이다. 교육 기본법 제5조, 제13조 제2항 부모 등 보호자는 보호하는 자녀 또는 아동의 교육에 관하여 학교에 의견을 제시할 수 있으며, 학교는 그 의견을 존중하여야 한다. 학부모는 학생들의 보호자로서 교육 수요자이며, 자녀 교육을 위한 세금과 교육비를 납부하는 이해 당사자이기도 하다.[77]

현대는 교육 환경의 급격한 변화로 학교에서 학생들의 특성에 맞는 교육을 하는 데에는 한계가 있다. 책임 있는 민주 시민을 길러내기 위해서는 다양한 환경에서 역량을 가진 학부모와의 협력이 필요하다. 교육 주체로서 학교와 협력하기 위해 학부모는 교육의 패러다임, 학교 교육의 지향점, 교육의 방향, 교육 규정이나 정책에 대해서도 알아야 한다. 또한 학교의 의사 결정 구조, 업무 처리 방식에 대한 학부모의 이해가 있어야 한다.

학부모는 교육과 학교에 대한 이해를 바탕으로 적극적으로 학교 운영에 참여하여야 한다. 교육의 주체로서 한축을 잘 담당해야 학교 자치가 원활하게 이루어져 간다.

4. 퍼실리테이션과 학교 자치와 민주 시민 교육

학교에서 활용되고 있는 퍼실리테이션을 통해 학교 자치가 어떻게 이뤄지고 있으며 민주 시민 교육과 어떤 연관성이 있는지 살펴볼 필요가 있다.

퍼실리테이션이 학교에 널리 보급되지 못하고 소수의 몇몇 학교 및 개인 퍼실리테이터들을 통해 이뤄져 왔다. 그러다 보니 사례들을 찾기가 어렵고 퍼실리테이션에 대한 이해와 인식이 부족하다.

그러는 가운데 청소년 퍼실리테이터협회는 2016년부터 초등학생들을 대상으로 인성 및 진로, 의사소통, 퍼실리테이션 캠프 및 동아리를 진행하고 있다. 중고등학생들 대상으로 주니어 퍼실리테이터 양성 및 퍼실리테이션 리더십 캠프를 시작하였다.

여러 사례들 가운데 2019년 학교 민주주의 활성화를 위한 해리고등학교 학교 자치 퍼실리테이션을 살펴보고자 한다. 3회에 걸쳐 1회 2시간에서 2시간 30분 정도의 시간을 사용했으며 주제는 사과 데이, 신입생 홍보전략, 교육 3주체 토론회였다.

3회에 걸쳐 이뤄진 학생 자치의 평가를 진행한 퍼실리테이터 소감, 참여한 학생들의 소감, 담임교사의 소감, 학교 관리자의 소감을 살펴보고 학교 자치와 퍼실리테이션의 관계를 살펴보고자 한다.

1) 퍼실리테이터 진행 소감

- 워크숍 이후 학생 참여 소감만 확인해 봐도 퍼실리테이션이 학교 자치와 학생들의 자치역량 뿐 아니라 나아가서 학교 민주주의 실현에 크게 영향이 미칠 수 있다는 것을 실감할 수 있었다.
- 그간 학생회장 주최로 진행되는 자치 회의에서는 학생들이 의견을 거의 내지 않았었는데 이번 워크숍 때 다양한 의견이 논의되는 것을 비교해 볼 수 있었다고 학생들 스스로 성찰하면서, 서로 논의하는 방법, 모두의 의견을 존중하는 방법, 함께 참여하는 방식이 다르다는 지점을 깨닫는 계기가 마련되었다.
- 또한 회의 진행 시 그룹별 자리 배치, 참여 구성원 간 그라운드룰 선정, 사소하지만 참여 구성원의 역할 부여 등을 통해 서로 협력하고 배려하며 즐겁게 참여하는 것이 가능하다는 것을 이번 워크숍을 통해 재확인 할 수 있었다.
- 해리고등학교의 경우 일반 고등학교와 달리 다양한 역량의 학생들이 섞여 있어서 사전에 진행방식이나 눈높이를 선정하는 데 다소 어려움이 있었으나, 학생들이 기본적으로 서로 배려하고 인정하는 마인드가 갖춰져 있는 모습을 보며 학생 자치는 학생 구성원의 학습 수준이나 역량보다는 '마인드와 철학'이 밑바탕 되어 있으면 어느 학교, 어느 구성원이든 실현이 가능하다는 것을 느낄 수 있었다.

2) 학생 참여 소감

- 협력 의견이 많아서 다양하게 활동할 수 있었다.
- 모두의 의견을 존중할 수 있는 시간이라 좋았다.

• 친해지는 방법과 의논하는 방법을 배웠고, 해리고 남자학생들이 안하는 거지 하면 잘한다는 것을 느꼈고, 긍정과 배려를 실천해야겠다고 느꼈다.

• 이런 활동을 처음 해봤는데 재미있었고 역할을 맡아서 수행한 게, 그동안 이런 것에는 참여를 잘 안 했는데 재미있었다.

• 누구든 아이디어 뱅크가 될 수 있다는 것을 배웠고, 참여와 협력은 공감이다. 독서를 통해 앞으로 사고를 유연하게 만들어야겠다.

• 친구야 미안해 그리고 사랑해. 앞으로는 친구한테 잘못하면 바로 사과해야 한다는 것을 느꼈다. 앞으로는 기분 나쁜 행동을 하지 않고 상대방의 입장을 생각해 본다.

• 전에 학생 자치 회의를 할 때에는 친구들이 의견을 잘 내지 않거나 자신의 주장을 고집하는 경우가 종종 있었는데 이번에 이렇게 하면서 애들의 달라진 모습을 보니 섭섭하지만 좋았던 것 같다. 다음에 우리끼리 회의를 진행할 때도 친구들이 적극적으로 참가해 줬으면 좋겠다. 나중에 학생 자치 회의를 진행할 때에도 지금과 같이 서로를 존중해 주는 회의가 됐으면 좋겠다. 그리고 우리가 계획한 사과 데이가 완벽하게 그대로 진행될 수 있도록 열심히 노력해야겠다.

• 이런 활동을 처음 해봤는데 협동심이 좋아지고 재미있었다. 팀워크를 배운 것 같고 오늘 활동들이 너무나 재미있었다.

• 자치적인 모습을 더 배우게 되었고, 학습 회의 때에도 많은 애들의 의견을 수용해 주어야 된다는 것을 알게 되었다.

• 오늘 이렇게 서로의 생각을 나눌 수 있어서 너무 좋았고, 팀으로 하다 보니 팀원들과 좀 더 가까워진 것 같다. 올해 사과 데이는 잘 이루어 졌으면 좋겠다.

3) 학생 퍼실리테이터

- 학생 자치 회의를 진행할 때에도 이 기법을 사용한다면 이전보다 학생들이 만족하는 학생 자치 회의의 결과가 나올 것 같다.
- 학생, 학부모, 교사가 자유롭게 자신의 의견을 내며 편안한 분위기 속에서 진행하여 좋은 결과물이 나왔다.
- 지금 이 회의로 첫 발을 디뎌 학교 민주주의 실현을 점차적으로 해내갈 수 있을 것 같다.

4) 담당 교사가 본 퍼실리테이션을 통한 학생 자치

- 좋았던 점
- 학생들이 자신의 의견을 표출함으로써 자신감이 증진되는 모습이 좋았다.
- 교사, 학부모, 학생 교육의 3주체가 소외되지 않고 회의에 적극적으로 참여하는 모습이 좋았다.
- 아쉬웠던 점
- 초반에 아이스 브레이킹에 시간을 더 소비했다면 더욱더 적극적인 회의가 되었을 것 같다.
- 학생 자치에 미치는 영향
- 학생들이 교사, 학부모와 함께 회의를 함으로써 타인과 의사소통하는 기술과 요령 등을 배울 수 있다.
- 모든 구성원이 공평하게 의견을 나눔으로써 학생들의 자존감이

증진되어 활기찬 학교생활을 할 수 있다.

5) 학교 관리자가 본 퍼실리테이션을 통한 학교 자치

- 좋았던 점
- 참신한 방법으로 다양한 의견을 들을 수 있어서 좋았다.
- 아쉬웠던 점
- 일회성이 아니라 꾸준한 기회가 마련되었으면 좋겠다.
- 의견이 실제 실현되도록 노력해야 하겠다.
- 학생 자치에 미치는 영향
- 교육 3주체가 동등하게 의견을 주고받는 과정에서 자치 의식이 싹트게 될 것이다.
- 학생 자치에 기초를 다지는 시간이었다.

해리고등학교에서 실시한 퍼실리테이션을 통한 학교 자치에 대한 평가를 살펴보았다. 평가 속에서도 알 수 있듯이 퍼실리테이션을 통한 학교 자치는 교육의 궁극적인 목적 달성의 가능성을 보여 주고 있다.

6) 학생 자치와 퍼실리페이션의 상관관계

교육의 목적은 모든 국민으로 하여금 인격을 도야하고, 자주적 생활 능력과 민주 시민으로서 필요한 자질을 갖추게 하여 인간다운 삶을 영위하게 하고, 민주 국가의 발전과 인류 공영의 이상을 실현하는 데 이바지하는 삶을 살게 하는 목적인데 이를 위해 필요한 역량을 6가지로 선정하였다. 6가지 역량과 학생 자치와 퍼실리테이션의 상관관계를 살펴보고자 한다.

자기관리 역량

자아 정체성과 자신감을 가지고, 자신의 삶과 진로에 필요한 기초적 능력 및 자질을 바탕으로 자기 주도적으로 살아갈 수 있는 자기관리 역량이다.

학생 자치의 평가 가운데 학생들의 참여 소감 가운데 서로 존중할 수 있는 시간, 담당 교사의 평가 가운데 학생들의 자존감이 증진되었다는 평가가 있다.

청소년 퍼실리테이션의 프로세스 속에 공감과 소통의 요소들이 있다. 공감대화에서는 공감의 자세, 인간 존중, 감정의 공유, 수용적 자세, 적극적 참여가 있다. 공감대화가 이뤄지면 공감의 기능인 타인을 이해하고 예측을 통해 참여자에 대한 깊은 이해와 예측이 이루어진 상태에서 문제 해결을 위한 합의를 이끌게 한다. 이런 과정은 학생들이 자신감을 가지게 하고 인간관계를 원활하게 한다. 피아제의 발달 이론에서 청소년기의 형식적 조작 능력을 공감과 소통, 참여를 통해 적극적으로 표출하면 자아 정체감 획득과 자기 주도적 능력을 갖추게 한다.

지식정보처리 역량

문제를 합리적으로 해결하기 위하여 다양한 영역의 지식과 정보를 처리하고 활용할 수 있는 지식정보처리 역량이다.

학교 자치의 평가 가운데 학생들의 참여 소감에서 협력 의견이 많이 나와 다양한 활동을 할 수 있었다. 누구든지 아이디어 뱅크가 될 수 있다. 적극적 참여, 참여와 협력, 협동심, 팀워크가 좋았다는 소감이 있다. 학교 관리자 입장에서도 참신한 방법으로 다양한 의견을 들을 수 있어 좋았다는 평가를 했다.

퍼실리테이션은 참여자 모두에게 동일한 힘을 부여한다. 특정한 사람이 주권을 쥐게 하는 것이 아니다. 또한 참여자 서로 영향력을 주고받는다. 이를 통해 서로를 더 깊이 이해를 한다. 특히 창의대화는 모두가 동등한 권리를 가지고 참여하여 상호 이해를 하고, 포괄적 해결 방안 찾아 합의를 이루고 합의에 모두 책임지는 구조이다. 이를 통해 집단 지성의 힘을 발휘하여 문제를 합리적으로 해결하는 역량을 가진다.

창의적 융합사고 역량

폭넓은 기초 지식을 바탕으로 다양한 전문 분야의 지식, 기술, 경험을 융합적으로 활용하여 새로운 것을 창출하는 창의융합사고 역량이다.

창의적 융합사고는 공감대화에서 이해의 단계 즉 깊은 성찰을 통해 새로운 관점을 찾는다. 창의대화를 통해서는 생각 이끌어내기를 통해 다양한 생각을 하도록 하며, 이름 짓기에서 다양한 의견을 하나의 주제로 묶어 새로운 의미를 부여하게 된다. 이런 과정은 기존과 다른 새로운 관계와 의미를 찾게 하여 창의융합사고의 역량을 키우게 한다.

심미적 감성 역량

세상을 보는 안목과 문화에 대한 공감적 이해를 바탕으로 삶의 의미와 가치를 발견하고 향유하는 심미적 감성 역량이다.

학생 자치의 학생 참여 소감에서 모두의 의견 존중, 긍정과 배려를 실천, 기분 나쁜 행동을 하지 않고 상대방의 입장을 생각, 생각을 나눌 수 있어 좋았다는 평가에서 정서적 반응을 살펴 볼 수가 있다.

청소년 퍼실리테이션의 기본 시스템은 공감과 소통이다. 앞에서도 공감에 대해 언급한바와 같이 청소년 퍼실리테이션은 공감 능력을 키우는 구조이다.

의사소통 역량

다양한 상황에서 자신의 생각과 감정을 효과적으로 표현하고 타인과 소통하며 갈등을 조정하는 의사소통 역량이다.

학생 자치의 평가 가운데, 담임교사의 입장에서 타인과 의사소통하는 기술과 요령을 배울 수 있었음을 보고하고 있다. 학생들의 소감에서도 서로 존중하는 회의, 많은 애들의 의견 수용, 협력의견 등 의사소통이 원활하게 이루어짐을 말하고 있다.

의사소통의 대가인 Satir는 의사소통을 사람들이 서로 정보를 주고받고, 의미를 부여하고, 내적-외적 반응을 하는 방식이라 정의한다.

Satir는 자신이 추구하는 기능적인 의사소통 유형을 일치형이라 일컬었다.

일치형의 사람들은 자신의 개성과 독특성을 인정하고, 자기를 보호하기 위해 지나치게 방어적이지 않으며, 자기 자신과 다른 사람을 사랑하고 신뢰하며 수용한다.

이들에게서는 삶의 에너지가 자연스럽게 흘러나오기 때문에, 자신의 자원을 잘 활용할 수 있을 뿐만 아니라 상처받는 것을 두려워하지 않고 삶이 주는 모험에 도전할 수 있으며 다른 사람들과 친밀한 관계를 맺을 수 있다. 또한 이들은 변화에 융통성 있는 태도를 취하며 매우 개방적이다.

Satir의 의사소통에 대한 설명을 충족하는 것이 앞의 1-4가지의 역량에서 언급했듯이 공감대화, 창의대화, 생각 바꾸기 도구의 시스템이다.

공동체 역량

지역·국가·세계 공동체의 구성원에게 요구되는 가치와 태도를 가지고 공동체의 문제 해결에 적극적으로 참여하는 공동체 역량이다.

학생참여 소감에 "팀워크를 배우고 활동이 재미있다.", 교사 평가에 "활기찬 학교생활을 할 수 있을 것이다.", 관리자 입장에서 "자치의식이 싹트게 되었다."라고 말한다.

청소년 퍼실리테이션은 공감, 소통, 참여를 강조한다. 참여함으로 인정과 존중을 받아 자존감을 증진시키고, 참여의 중요성을 배우게 된다.

이상으로 청소년 퍼실리테이션을 통한 학교 자치와 민주 시민 교육의 상관관계를 살펴보았다. 현재 교육 시스템 보여 주고 있는 입시와 경쟁 위주, 획일적인 교육 방침 등은 교육이 추구하는 인간상을 길러내지 못하고 있다.

이제 발걸음을 내딛기 시작한 청소년 퍼실리테이션을 통한 학교 자치는 교육이 추구하는 민주 시민을 길러낼 수 있다.

청소년 퍼실리테이션은 피아제가 주장하는 청소년기의 인지능력을 공감과 소통, 참여를 통해 표출하게 하며, 형식적 조작 능력을 적극적으로 활용하도록 하여 문제 해결 능력을 가지며, 다양한 의견을 통합하여 창의적 사고 역량을 키우게 한다.

퍼실리테이션은 학생들 평가에서도 나왔듯이 존중, 배려, 협력을 통해 인성 성장에 기여하며, 나아가 자아 정체감 획득과 자기 주도적 능력을 가지게 한다. 또한 협력, 존중, 배래, 공감, 팀워크, 참여, 의사소통 등 민주 시민의 역량을 길러내게 한다.

Part 5

청소년 퍼실리테이션 기초

스웨덴은 '최고'나 '1등'에 별 집착이 없는 나라이다. 그런데 스웨덴에 이례적으로 '최고'를 뽑는 대회가 있다. '스웨덴 최고의 버스 기사 선발대회(Sveriges basta bussforare)'이다. 우승자는 그날 주요 뉴스에 소개되고 각종 매체에 인터뷰가 실릴 만큼 나름 유명한 대회로 자리 잡았다.

그럼 최고의 버스 기사를 어떻게 뽑느냐? 버스 운전자에게 어떤 자질이 필요한가를 생각해 보자. 매끄럽고 안전하게 운전해야 하고, 승객에게 친절하고, 위기 상황에 대처하는 역량이 있고, 환경을 생각해 연료를 절감하며 운행할 수 있으면 금상첨화다.

2019년 최고의 버스 기사 대회 우승자는 데니 바우어로 스웨덴 국가대표 축구팀 버스 기사였다. 바우어는 스웨덴은 물론 유럽 전역을 달린 경력 26년 차 베테랑 버스 기사이다. 우승 비결이 무엇이냐는 질

문에 1등 하는 사람들이 다 그렇듯 "평소처럼 했다."라고 답했다.[78]

평소처럼 했다는 버스 기사의 말처럼 최고의 퍼실리테이터들이 되기 위해 평소에 퍼실리테이션 기본 스킬을 잘 익혀야 한다.

퍼실리테이션의 기본 스킬은 질문, 경청, 활력, 기록, 브레인스토밍을 말한다. 이 스킬들은 퍼실리테이션 진행의 모든 과정에서 기본적으로 필요하다.

1. 질문

> "우리가 부딪히는 한계에 대해 제기하는 질문은 삶의 장벽
> 들(비즈니스, 대인 관계, 그리고 국가 간의 장벽)을 무너뜨
> 린다. 나는 모든 인간의 진보가 새로운 질문에서 비롯된다
> 고 믿는다."   -앤서니 라빈시-

인간은 소통과 대화를 통해 인간관계를 맺어 간다. 소통과 대화의 중심에 경청과 질문이 있다. 청소년 퍼실리테이션 진행에 있어서 질문은 중요한 역할을 한다.

1) 질문의 정의

표준국어대사전(1999)에서는 질문을 '모르는 거나 의심나는 점을

물음'이라고 정의하고 있으며, 이창덕(1992, 5)은 '화자가 사고 활동이나 의사소통 과정에서 갖게 되는 의문을 해결하기 위해서 대화상에서 언어적 기호나 비언어적 기호를 사용하여 표출함으로써 청자에게 그 의문을 해결할 언어적 행위를 요구하는 것'이라고 정의하고 있다.[79]

이와 같은 정의를 토대로 한다면 질문이라는 것은 질문자가 의문을 인식하는 것에 그치지 않고, 그것을 해결하기 위한 언어적 행위의 힘이 결합한 것으로, 무엇인가를 묻는 질문자가 발화한 언어 그 자체인 질문(question)과 행위적인 측면을 강조하여 특정 담화상황 맥락에서 무엇인가를 묻는 언어 행위인 질문하기(questioning)로 구분할 수 있다.

2) 질문의 중요성

질문의 힘은 개인, 관계, 조직 모든 영역에서 소중하다. 자기 자신에게 하는 질문은 주인으로서 책임적인 존재로서 사는 삶을 돕는다. 대화 속에서의 질문은 교류, 공감, 친밀감을 형성하는 에너지이다. 관심을 표현하고 감정을 드러내며, 서로를 존중한다는 적극적 행동이다. 조직에서의 질문은 서로 돕는 관계를 만드는 원천이다.

질문의 힘 7가지

첫 번째 힘 - 질문을 하면 답이 나온다.
두 번째 힘 - 질문은 생각을 자극한다.
세 번째 힘 - 질문을 하면 정보를 얻는다.

네 번째 힘 - 질문을 하면 통제가 된다.
다섯 번째 힘 - 질문은 마음을 열게 한다.
여섯 번째 힘 - 질문은 귀를 기울이게 한다.
일곱 번째 힘 - 질문에 답하면 스스로 설득이 된다.

3) 질문 유형

목적 지향적 질문

이미 알고 있는 것을 상대방에게 질문하는 것이다. 질문자가 응답
자의 대답을 통하여 의문점을 해결하고자 하는 목적으로 질문을 하는
것이 아니다. 자신이 가지고 있는 의도를 질문을 통해 달성하기 위해
질문을 하는 것이다.

논쟁적 질문

응답자의 주장을 공격하고 질문자의 주장을 정당화하기 위하여 사
용된다. 질문자는 질문 속에 묻기와 함께 평가, 진술, 반박에 대한 방
비 등의 과정을 통해 질문하기를 응답자를 압박하는 동시에 의도된
수신자들로 하여금 질문자의 관점에서 논제를 보도록 유도하는 수단
으로 사용한다.

의사소통적 질문

상호 이해지향적인 의사소통으로서의 질문하기에서 질문자는 응답
을 알지 못하고, 정보가 부족하거나 불확실한 자신의 의문 상태를 해

결하기 위한 목적으로 질문을 한다.

또한 질문하기는 반성적인 행위이다. 질문자는 자신의 '인지적 부족'의 상태를 확인하고 질문을 한다. 응답자의 응답과 상호 작용을 통해서 회득한 정보를 비판적으로 점검하며 자신의 인지적 상태를 다시 확인한다. 그리고 '보다 나은 잠정적 지식'의 상태로 나아가고자 다시 질문하기를 수행하여 지식을 확장한다.

4) 질문의 종류

개방형 질문과 폐쇄형 질문

개방형 질문은 '6하 원칙'의 '언제, 어디서, 무엇을, 누가, 어떻게, 왜'를 구성 요소로 하여 묻는 질문이다. 많은 아이디어나 다른 생각들을 유도하며, 구성원들 간의 충분한 대화와 여러 의견이 필요할 때 유용하다.

폐쇄형 질문은 광범위한 화제를 좁혀서 논의를 할 수 있게 도와주고 애매한 발언의 핵심을 찾아낼 때 주로 사용한다.

직접형 질문과 간접형 질문

직접형 질문은 말하고 싶은 사항에 대해 직선적으로 물어보는 것이며, 간접형 질문은 돌려서 물어보는 것이다.

확산형 질문과 수렴형 질문

확산형은 반복에 따라 질문의 강도나 내용이 점차 확대되어 가는 유형이다. 수렴형은 그 반대로 질문을 반복하지만, 그 강도나 내용이 점차 축소되어 하나의 초점으로 귀결 되어 가는 타입의 질문 방법이다.

비교형 질문과 평가형 질문

질문의 내용을 중심으로 비교형 질문은 복수의 대상을 검토하거나 우위를 가르는 유형의 질문이며, 평가형 질문도 크게 보면 같은 범주에 속한다고 할 수 있다.

그 외에도 질문의 성격을 기준으로 분류하는 긍정형 질문과 부정형 질문이 있으며 시간을 중심으로 물어보는 과거형, 현재형, 미래형 질문도 있다. 또한 전제를 먼저 말하고 이에 대한 답을 유도하는 조건부 질문도 있다.

5) 질문의 구성 요소

질문자의 상황

질문자는 지금 자신이 어떤 상황 속에서 질문을 하고 있는지를 알아야 한다. 질문자가 기존의 알고 있는 것에 새로운 정보, 환경, 현상을 접하면 불편하게 된다. 인지적 불편함을 느꼈을 때, 인간은 편안한 상태를 이루기 위하여 더 만족스럽게 순응하는 방식을 찾는다.

질문은 인지적으로 불편한 상태를 해결하기 위한 방법이다. 질문자는 자신이 무엇을 모르는지를 알고 있으며, 알아야 하는 필요를 인식하게 된다. 질문을 통해 알고 해결하고자 하는 의지와 용기가 있을 때 질문하게 된다.

질문

질문자의 의문이 언어로 나타나게 되는데 이때 질문의 유형은 3가지로 나타난다.

> 첫째, 질문의 핵심을 담고 있는 부분으로 의문문, 진술문, 명령문, 그리고 침묵으로 나타난다.
> 둘째, 질문의 핵심을 도와주는 부분으로 질문자의 질문 목적, 질문 상황 등을 응답자에게 설명하거나, 질문의 핵심 부분을 한정하거나 지지한다.
> 셋째, 질문자가 응답자에게 공손한 마음으로 상대방에게 부담이 되는 표현은 최소화하고 상대방의 이익을 극대화하는 질문의 형태이다.

응답

질문이 성립하기 위해서는 응답자의 응답이 있어야 한다. 질문은 질문자와 응답자에게 질문-응답의 과정 자체에 대한 적극적인 관심을 요구하며, 그 과정에서 영향받는 것을 인정하고 기대하는 것이다.

6) 효과적인 질문 방법

좋은 질문은 항상 의문사로 시작해야 한다. 누가, 무엇을, 어디서, 언제, 어떻게, 왜 즉 의문사가 이끌어 낸 서술형 답변에는 추가 정보와 단서가 풍부하다. 좋은 질문을 하기 위해 이렇게 하자.

호기심을 가져야 한다.

질문을 하지 않는다는 것은 호기심의 상실이다. 삶의 작은 영역에서라도, 아주 사소해 보이는 경험 속에서라도 호기심을 느낀다면 질문을 해야 한다. '사과는 왜 땅으로 떨어지는가?'라는 질문은 위대한 발견으로 이어졌다.

고갯짓과 맞장구를 쳐라.

이는 대화를 할 때 상대방이 한 말을 자신의 말로 바꾸어, 상대방의 말을 이해하고 있다는 피드백을 줘야한다는 것이다. 맞장구치기는 대화의 기반을 다지는 적극적인 작업이라고 표현한다. 고갯짓과 맞장구는 상대방의 말을 자신에게 끌어들여 공감과 동조를 이루는 방법이다.

꼬치꼬치 캐물어라.

질문을 주제넘게 참견하며 남을 불편하게 하는 행동으로 여겨 질문하기를 주저하는 사람들이 있다. 질문은 내가 누군가에게 관심이 있음을 보여 주는 방법이며, 상대의 옆구리를 찔러대며 귀찮게 하는 행동이 아니라 상대를 향한 열린 마음으로 악수를 건네는 것에 더 가깝다.

7) 질문의 역할

질문을 잘한다는 것은 많은 지식을 지니는 것보다도 더 중요하다고 할 수 있다. 왜냐하면 질문자는 응답자에게 질문을 통해 지식과 이해를 요구하며 이 질문-응답의 상호 작용을 통하여 새로운 정보가 생산되기 때문이다. 질문은 사고의 확장을 가져다준다. 질문의 능력을 향상시킨다는 것은 적극적이며 능동적인 청자로서 의사소통에서의 효과적인 수용과 이해 능력을 기를 수 있다. 질문은 대화 참여자들이 원활한 의사소통을 하고 있다는 것을 확인시켜 준다.

질문은 질문자와 응답자, 상황 맥락의 상호 작용 과정에서 질문과 응답의 연속적인 전개로 진행되는 질문-응답 순환구조를 통해 협력적으로 의미를 창조하고 진행해 나가게 한다.

질문은 스스로 두뇌 활동을 촉진시켜 많은 아이디어를 생성시키고 목표로 하는 문제 해결의 열쇠가 된다.

2. 경청

> "성공하는 사람과 그렇지 못한 사람의 대화 습관에서 뚜렷한 차이가 있다. 그 차이점이 무엇인지 단 하나만 꼽으라고 한다면, 나는 주저 없이 경청하는 습관을 들 것이다."
> -스티븐 코비-

1) 경청의 의미

'경청(傾聽)'의 사전적인 의미는 '귀를 기울여 듣는 것'을 의미한다. 국제경청협회(International Listening Association) 홈페이지에는 "인간이 필요로 하는 가장 기본적인 것은 이해하고 이해하는 것이다. 사람들을 이해하는 가장 좋은 방법은 그들의 말을 듣는 것이다."라는 Ralph Nichos 박사의 말을 인용하며, 경청을 '언어적 혹은 비언어적 인 메시지를 수용하고 그것을 통해 의미를 구성하며, 그 메시지에 반응을 하는 것'이라고 정의하고 있다.

귀를 기울여 듣는 것은 상대방에 대한 이해의 시작이다. 경청은 친밀감을 형성하고 유지시켜 주는 가장 중요하고 효율적인 의사소통 기술이다. 상대방의 말을 잘 들을 수 있을 때 그 사람을 더 잘 이해하고, 서로 이해한 마음을 나눔으로써 친밀감을 형성한다.

경청은 상대방을 존중하는 것으로서, 우리 자신의 관심과 욕구와 편견을 한쪽으로 밀어 놓고 상대방을 진정으로 이해하고 공감하겠다는 의지의 표현이다. 상대방이 말하고자 하는 모든 메시지에 반응하는 매우 적극적인 과정이다.[80] 또한 경청은 상대방에게 관심을 집중시키고, 말을 열심히 정성 들여 듣는 아주 능동적인 과정으로서 하나의 예술이며, 기술이고 훈련이다.

2) 경청의 중요성

경청은 발언자로 하여금 더 좋은 느낌과 관계를 갖도록 해주고 불안을 감소시켜 긍정적인 분위기 조성에 기여한다. 상대방으로 하여금 자신감을 갖게 할 뿐만 아니라 자신을 완전하게 표현할 수 있도록 동기를 부여한다. 이로 인해 경청은 발언자 스스로 문제의 해결점을 찾게 하고 청취자 또한 발언자의 의도를 빠른 시간 내에 정확하게 파악할 수 있어 적절한 답변을 준비할 수 있게 한다.

경청을 하면 경청을 배우게 되고 수준 높은 경청을 하게 된다. 경청을 통해 상대방의 다양한 지식과 정보를 배움으로써 간접 학습의 효과를 경험할 수 있다.

3) 경청의 구성 요소

경청의 구성 요소는 몰입, 입장 전환, 수용, 완전성으로 볼 수 있다.

몰입은 인간의 생각하는 속도(400-600단어/분)가 말하는 속도(125단어/분)의 두 배 이상의 정도가 되어 상대의 말을 들으면서 딴 생각할 여지를 가질 수 있으나, 경청은 상대방의 말에 강하게 몰입한다는 것이다.[81] 입장 전환은 상대방 입장에서 상대방이 말하고자 하는 것을 이해하려고 노력하는 것이 적극적인 경청이다. 수용은 상대방이 말하는 동안은 그 내용을 판단하려 하지 말고 수용하려는 것이다. 완전성은 완전히 상대방의 뜻과 감정을 이해하고자 노력하고 질문까지 해서 이해를 확인하는 것이 적극적인 경청이다.

4) 경청 단계

경청은 다음과 같은 네 가지의 수준으로 구분될 수 있다.

첫째, 최저한의 경청으로 발언자의 말을 무시함으로 메시지가 들리지도 않고 이해되지도 않으면서 듣는 채 하는 것이다.

둘째, 선택적 청취로 대화 중 어떤 특정 부분만 듣는다.

셋째, 집중적인 경청으로 상대의 말에 주의를 기울이고 그 말에 총력을 집중하여 듣는 것이다.

넷째, 공감적 경청으로 상대방을 이해하려는 의도를 가지고 듣는 것이다.

5) 경청의 종류

적극적 경청과 소극적 경청

적극적인 경청이란 소리를 듣기만 하는 것이 아니라 상대방이 전달하고자 하는 말의 내용은 물론 그 내면에 깔려 있는 동기나 정서에 귀를 기울여 듣고 이해된 바를 상대방에게 피드백하여 주는 것이다.

이것은 평가, 의견, 충고와 분석, 의문 등을 전달하는 것이 아니라 상대방이 의미하는 것 그 자체가 무엇인가를 이해하며 듣는 것을 의미한다. 이는 말하는 사람에게 주의를 집중하고, 공감해 주는 경청이다. 적극적이고 공감하는 경청을 하면 말하는 사람은 자신이 존중받고 있다는 느낌 때문에 신이 나고 더 많은 의견을 개진하게 된다.

소극적 경청은 상대방의 이야기에 대해서 특별한 외적 표현 없이 수동적으로 듣는 경우를 말한다. 즉, 상대방이 말하는 화제를 다른 화제로 돌리거나 반박함이 없이 상대방의 이야기를 수동적으로 따라가는 것을 말한다.

적극적 경청을 하지 못하는 이유

사람들이 적극적인 경청을 하지 못하는 이유에는 다음의 세 가지가 있을 수 있다.[82]

첫째, 인간의 청취 능력과 말하는 능력 사이에 두 배 이상의 속도 차이가 있어 대화의 주제에 벗어난 다른 생각을 하게 된다. 특히 자신의 관심 분야가 아닐수록 심하다.

둘째, 말하는 자와 듣는 자가 견해를 달리할 때나 개성이 상이한 사람의 이야기를 경청할 때 일반적으로 감정이 어떤 메시지를 봉쇄하게 된다.

셋째, 대답을 준비하면서 경청한다.

6) 경청을 잘하기 위해 [83]

듣는 것도 연습이 필요하다. 사람은 누구나 자신이 말하기를 좋아하기 때문이다.

역지사지의 자세: 먼저 자신의 말을 상대방이 듣지 않을 때 어떤 기분이 들지 생각해 보라. 아마 무시당했다는 느낌이 들 것이다.

주변 사람 살펴보기: 주변 사람들이 남의 말을 잘 듣지 않는 조짐이 있는지 살펴보라. 예컨대 눈을 돌리거나, 주의가 산만하거나, 주제와 상관없는 얘기를 하거나 지겨워하는 등의 행동을 보일 때이다.

눈 맞추기: 상대방과 눈을 마주쳐라. 진정성을 교환한다.

침묵하기: 침묵은 금이라는 격언을 되뇌자.

듣기만 하기: 상대방이 뭔가를 말하는 순간 당신은 대답, 대꾸, 남의 말을 고치고 싶은 욕구를 알아차리자.

환경정리 하기: 산만한 요소들을 없애라. 핸드폰 *끄*자.

연기하기 : 상대방의 말에 관심이 없어도 있는 것처럼 연기하라. 없던 관심도 생긴다.

질문하기: 상대방으로부터 더 많은 얘기를 끌어낼 수 있는 질문을 하라. 당신은 이를 통해 정보를 얻게 될 것이다.

듣기가 목적: 상대방의 말을 단순히 듣는 것만으로도 해결책을 찾게 될 수도 있고, 상대방의 말 자체가 해결책이 될 수 있다.

끝까지 듣기: 듣는 것은 모두 정보가 된다. 모든 산출물은 무엇을 입력하느냐에 달려 있다.

비언어적 표현 보기: 비음성적 언어 표현으로 음성언어로 전달하는 메시지를 보다 강조하거나, 혹은 부정한다. 비음성적 언어로 전달되는 것은 대체로 대상자의 감정과 관련된 것인데 어느 경우에는 의식적 감정이고, 어떤 경우에는 무의식적 감정이다.

3. 활력

"자신의 기운을 북돋우는 가장 좋은 방법은 다른 사람의
기운을 북돋워 주는 것이다."   -마크 트웨인-

1) 활력

활력은 '살아서 활발하게 움직이는 힘', '생물체 안에서 특별히 생명력 또는 생활하는 힘'이다(조선말대사전). 활력의 영어 표기인 vitality는 어원 vita '생명의, 활기 있는, 중요한, 핵심'과 amine의 결합으로 '살아 있는 영양소'이다. vitality의 어원을 볼 때 활력은 생명 유지에 없어서는 안 될 중요한 것이다.[84]

개인 활력

활력 있는 사람은 정력적이며 자신의 능력을 충분히 발휘하는 특성을 가지고 있고 긍정적인 감정을 가지며 유지하려는 특성을 가지고 있다. Welch(1935)는 활력 있는 사람들은 정열이 넘치고 현명하며, 능동적으로 일을 처리하고, 여러 아이디어에 대해 매우 개방적인 태도를 취하는 사람들이라고 밝히고 있다. 또한 그들은 많은 기회를 가지고 있는 축복받은 사람들로 스스로가 항상 열정적일뿐만 아니라, 다른 사람들까지 열정적으로 만들어 줄 수 있는 능력을 가지고 있다.

활력이 넘치는 사람들은 4E를 갖춘 사람들이다. 여기서 4E란 강력한 에너지(Energy), 목표를 달성하기 위해 다른 사람들에게 활력을 불어넣을 수 있는 격려(Energize), 까다로운 의사 결정 과정에서 '예'와 '아니오'를 분명하게 말할 수 있는 결단력(Edge), 자신의 약속을 지속적으로 수행할 수 있는 실행력(Execute)을 의미한다.[85]

조직 활력

행정 조직에 대한 연구에서 Dimock(1959)은 조직의 활력을 '에너지가 지속적으로 발산되고, 경쟁할 능력이 있으며, 생존할 힘이 있는 상태'라고 정의했고, 기업 조직에 대한 연구에서 Vicenzi와 Adkins(2000)는 조직의 활력을 '조직 내 구성원들의 성장과 발달을 지원하며, 조직의 집단적 과업을 촉진하고, 창의성과 혁신을 증대시키는 긍정 에너지'로 정의하였다.86)

2) 조직 활력의 구성 요소87)

조직의 활력이 높은 집단은 번영하고 번성하는 반면에 활력이 낮은 집단은 위축되고 궁극적으로 사라지게 된다. 높은 활력을 유지하는 집단의 구성 요소는 다음과 같다.

혁신 의지 및 변화 수용

집단 구성원들이 혁신의 필요성을 인식하고 집단이 전체적으로 혁신을 추진하고자 하는 분위기를 형성했을 때 문제를 기회로 보고, 차이에 가치를 부여하고, 실수로부터 배우며, 새로운 아이디어나 방법을 수용한다. 또한 과거의 방식을 비판하는 것에 개방적이고 새로운 방식을 시도하고자 한다.

공유된 목적 및 가치

조직의 목적이나 가치가 분명하게 정의되고, 공유되어야 한다.

의사소통 및 정보 공유

의사소통 및 정보 공유를 통해서 새로운 질서나 정보가 조직 전체의 지식으로 축적된다.

위임

조직의 목표를 완수하기 위해 개인에게 힘을 실어 주었을 때 권한을 위임받은 하부조직 및 개인이 자율성과 책임을 갖게 되어 조직이 스스로 새로운 구조를 만들어 가는 것이 수월하다.

참여적 의사 결정

참여적 의사 결정에 구성원들이 참여하면 주인의식을 갖게 되고, 다양한 의견을 수렴할 수 있으므로 조직이 스스로 새로운 구조를 만들어 가는 것이 수월하다.

총체적 협력

조직 개선을 위해서 구성원 전체가 노력하는 긍정적인 집단 문화는 구성원의 충성도가 높고, 집단 효능감이 높다.

경력 개발

업무에 관한 구성원들의 전문적 성장을 위해서 지속적으로 지원하는 것을 말한다. 구성원의 전문성을 존중하고, 지식에 의존하며, 업무 수행의 질이 높다.

다양성

구성원들은 자신의 생각이나 욕구를 편안하게 표현하고, 규정이나 행동 양식에 대해 의문을 갖고, 과제나 문제들을 공개하고, 의견의 차이를 건설적으로 해결할 수 있는 효과적인 기술을 가지고 있다.

방향을 안내하는 지도성

지도성은 혁신적인 조직에 영양분을 공급하는 에너지의 근원이다. 지도자와 구성원 간에 목표와 책임을 공유하고, 양자 간에 권한을 균형 있게 유지하면서 상호 의존하는 동반자적 지도성은 조직에 활력을 불어넣어 주는 중요한 요인이다.

3) 회의 진행에 있어서 활력의 필요성

어떤 그룹 활동이든 다양한 의견 개진이나 많은 아이디어를 도출하려면 팀의 에너지가 충만한 상태에서 일정 수준 이상의 활성화가 필요하다. 그룹 활동에서 활력의 유지와 활성화는 토의의 목적 달성을 위한 결과물의 품질을 결정하는 데 있어서도 중요한 요소라 할 수 있다. 이는 그룹 활동이 활성화 될 때와 그렇지 못할 때 도출되는 아이디어의 양과 질을 보아도 얼마든지 확인이 가능하다.

활력의 관리는 두 가지 경우로 설명할 수 있다. 활동의 시작 단계에서 짧은 시간 내에 에너지를 일정 수준까지 끌어 올리는 것과 진행 과정 동안 그것을 감소시키지 않고 최소한의 수준을 유지시키는 일이다. 전제적인 활력이 감소된 상태에서는 활발한 토의나 의견 개진이 불가능하기 때문이다.[88] 따라서 퍼실리테이터에게는 팀이나 그룹의 에너지가 방전되지 않고 자생적으로 충전될 수 있도록 분위기를 이끌어 가는 능력이 요구된다.

4) 그룹 활동에 활력 유지는 필수

장시간이 소요되거나 복잡한 토론 과정이 필요한 워크숍일수록 집단의 활력이 떨어지고 분위기가 산만해지면서 참여자들 간에 과정을 대충대충 넘기려는 심리적 현상이 발생한다.

이런 침체된 분위기를 극복하고 생동감을 유지하고 향상하는 방법을 기운 북돋우기, 활력 충전이라고도 한다. 이는 참여자들이 활기찬 분위기에서 토의에 몰입할 수 있도록 돕는 모든 활동을 포괄적으로 일컫는 말이다.

토의나 워크숍에서 추진 목적이나 배경, 그리고 가치를 잘 설명하고 이해시키는 것도 분위기를 활성화시키고 유지시키는 데 꼭 필요한 사항이다. 활력이 충만하게 되면 회의 및 워크숍 진행 가운데 맞닥뜨리게 되는 어려운 상황도 참여자들 간의 긍정적인 기운으로 기대 이상으로 빠르고 쉽게 목적과 목표를 달성하게 된다.

5) 회의에서 효과적인 활력 유지 방법은 무엇인가?

팀 활동의 초기에는 전체적인 워크숍의 개요를 일괄적으로 설명하면서 주제에 따른 가치와 의미를 부여하고 비전을 통해 동기를 적절하게 제공하는 방식을 사용한다.

도입 과정에서는 참여자들의 수준 및 회의 주제와 연관이 있는 아이스 브레이킹(Ice Breaking)을 실시한다. 회의 및 워크숍 진행 과정 중에는 분위기를 파악하면서 상황에 맞는 스팟(Spot)을 활용하여 흥미를 유발하고 참여를 증진시켜 활력의 지속성을 유지한다.

퍼실리테이터는 참여 대상에 따라 활력 유지 혹은 강화시키기 위해 어떻게 해야 할 것인가에 대해 다양한 도구들을 미리 준비하여야 한다. 활력 도구를 사용해야 할 때는 진행 과정 중에 참여자들 간 어색함이 보이거나 분위기 반전을 시도하고자 할 때, 회의 및 워크숍의 분위기가 현저하게 하락하거나 그와 같은 가능성이 존재할 때, 장시간 토의로 참여자들이 지치고 의욕이 저하되고 분위기가 산만하거나 집중하지 못하고 있을 때 사용한다.

4. 기록

"기록되지 않은 것은 기억되지 않는다."　　　　－서민규－

1) 기록

중국의 4대 발명품은 종이, 나침반, 화약, 인쇄술로 이 네 개의 발명은 중국과 세계에 지대한 영향을 미쳤다. 4대 발명품 중에 종이와 인쇄술은 기록과 연관이 있다. 필요는 발명의 어머니라는 격언처럼 기록의 필요 때문에 만들어졌다. 종이 이전에 기록이 인류 역사에 가장 위대한 발명 중 하나라고 말할 수 있다.

기록은 인간의 지식과 경험 그리고 지혜의 단절되지 않은 전수를 통해 인류 역사를 발전시켜 왔던 원동력이 되었다. 따라서 "기록은 훌륭한 역사를 만든다."라는 말도 있다. 기록은 아이디어 혹은 정보를 잊어버리거나 소멸하는 것으로부터 보호하고 다음에 이들을 효과적이고 효율적으로 활용하기 위해 다양한 방법에 의해 정리, 보관하는 활동을 말한다.[89]

2) 퍼실리테이션에서 기록의 중요성

인간의 기억은 한계가 있는데 이 한계를 뛰어넘으려면 용량이 큰 그룹 메모리가 있어야 한다. 그룹 메모리는 집단원들의 아이디어들을 차트에 적어 잘 보이도록 벽에 붙여두면 집단 기억 장치가 된다. 집단 기억 장치의 유익은 참여자의 발언을 적어둠으로 그것을 '가치 있는 의견'이라고 말해 주는 것과 같아서 자기 아이디어가 인정을 받으면 자기 자신이 인정받은 것으로 느낀다.[90]

기억의 한계로 인해 사람들은 자신들이 원하는 아이디어에만 집중하고, 나머지 아이디어는 한 귀로 듣고 한 귀로 흘려버린다. 집단 기억 장치인 기록은 회의에서 어려움을 유발하는 이런 문제를 해결해 준다.

기록이 주는 유익을 보면91) 다음과 같다.

첫째, 기록은 가시화된 공통의 틀 안에서 회의를 함으로 과정의 공유와 대등한 참여가 가능해 진다.

둘째, 기록은 대등한 참여를 촉진시켜 발언자의 발언을 정착시키고, 발언을 발언자와 분리하여 공통의 의견으로 논의하며, 참가자의 자발성과 발산을 확산해 회의를 즐겁게 한다.

셋째, 자연스럽게 아이디어가 풍부해지고 참신한 아이디어도 쉽게 나올 수 있다. 공통의 틀이 생김으로써 그룹에 구심력이 생기고, 합의 형성을 위한 협동심도 조성된다.

넷째, 집단 기억 장치는 의견 대립이 발생해도 냉정하게 의견을 나눌 수 있고, 결과적으로 창의적인 해결책을 낼 수 있게 된다.

다섯째, 기록은 참여자가 잠시 잊어버리더라도 다시 차트를 보면 기억을 할 수 있다. 외우지 않고도 사고에 집중할 수 있도록 도와준다.

여섯째, 기록은 논의에 대한 공통의 기록으로 남긴다.

3) 기록의 절차

기록은 두 가지 유형으로 내용 요약과 주제 요약이 있다. 내용 요약은 내용에 초점을 두고 상대방의 말을 편집하지 않고 집약하는 것이다. 내용 요약의 주요 목표는 아이디어와 자료를 조직하는 것이다. 주제 요약에서는 불필요한 상세 설명을 편집하고 주요 패턴과 긴급한 영역을 확인하며 기록하는 것이다. 이 두 가지를 염두에 두고 기록하는 절차를 보면92) 다음과 같다.

1) 발언을 간결하게 적는다.

발언을 장황하지 않게 요약하여 정리한다.

2) 논의 초점을 강조한다.

핵심어와 요약문에 강조 표시를 해서 논의의 초점을 부각한다.

3) 포인트끼리의 관계 나타내기

논의의 핵심을 드러내기 위해서 같은 것을 묶어서 정렬하기와 관련짓기로 구조화를 시행하며, 글상자와 화살표를 이용한다.

4) 도표를 활용해 구조화하기

기록하다 보면 금세 공간이 꽉 차서 정리할 필요가 있을 때 효과적인 것이 그림(구조화) 도구이다. 이것은 크게 4가지 종류로 트리형, 서클형, 플로우(flow)형, 매트릭스형이다.

도표 하나로 정리할 필요는 없고 자유롭게 조합하여 최적의 구조화를 하도록 한다.

4) 효과적인 레이아웃 활용93)

토론의 활성화를 위해 기록할 때 공간 활용에 따라 토론을 촉진하는 효과를 크게 높일 수 있다. 이때 쓰기와 함께 염두에 두어야 할 것은 레이아웃이다. 토론이 시작되기 전 어떤 공간을 만들지 미리 구상해야 한다.

공간의 넓이

토론의 밀도 및 시간에 따라 기록해야 할 정보량이 달라지기에 미리 예상을 해서 화이트보드나 플립차트 등 필요에 따라 공간을 확보해야 한다.

글자 크기 및 행간

글자의 크기나 행간을 공간의 넓이에 맞게 균형을 잘 맞추도록 한다. 넓으면 보기에는 좋지만 산만한 인상을 주고, 너무 빼곡하게 쓰면 알아보기가 힘들다.

여백 및 들여쓰기

상하좌우의 여백을 넉넉히 두면 답답한 느낌을 덜 뿐 아니라, 나중에 의견을 덧붙일 수 있어서 좋다.

단 나누기 및 빈 공간 배분

토론 전개를 구상하면서 어디에 무엇을 쓸지 계획하고, 토론이 예상치 못한 방향으로 전개되는 경우도 있으므로, 예비 공간을 마련해 둔다.

공간을 어떻게 활용할지 정했다면 다음으로는 포맷을 결정한다. 기본 포맷은 3가지로써 리스트(수평)형, 만다라(궤도)형, 차트형이 있다. 토론의 종류와 전개 방법에 따라 적절히 구사하면 된다.

리스트형은 토론의 흐름에 따라 조목별로 기록하는 방법이다. 만다라형은 자유분방하게 아이디어를 낼 때나, 다채로운 의견을 정리해

갈 때 사용한다. 마인드맵은 만다라형 도구의 하나라고 할 수 있을 것이다. 차트형은 토론의 구도를 한 눈에 파악할 수 있다. 의견이 대립하는 경우에는 표(테이블)를 활용하고, 논점이 계층적인 경우는 트리를 활용한다.

5) 기록 시 고려 사항

글씨체

글씨는 정자로 쓰고, 틈새가 없어야 읽기에 편하며, 평범한 고딕체가 눈에 더 편하다. 글씨 크기, 굵기, 색깔 등을 다르게 함으로써 포인트를 띄게 할 수 있다.

글자 장식

색을 사용하면 문장이 더 빨리 읽혀지고 오래 기억하게 된다. 핵심어에 실선이나 점선으로 밑줄 긋기, 테두리 칠하기, 옅은 색깔로 음영 주기 등의 방법이 있다.

기호

항목을 구분하고 아이디어 목록을 적을 때 주로 사용하며, 문장 앞, 문장 끝에 기호를 붙이면 문장이 돋보인다.

글상자

제목을 직사각형, 타원 등의 도형으로 감싸면 주제를 강조할 수 있다. 말풍선이나 불꽃 모양을 활용하여 의견의 종류를 구별하거나, 개인적인 감정을 표현하는 방법도 자주 활용된다.

이미지

이모티콘이나 도구 등의 간단한 이미지를 곁들이면 그 부분에 시선이 집중된다. 내용을 이해하기 쉽게 하며 기억에도 도움을 준다.

5. 브레인스토밍

"인생이란 폭풍우가 지나가길 기다리는 것이 아니라 퍼붓는 빗속에서 춤추는 법을 배우는 것이다." ‑비비안 그린‑

영국의 얼스터대 리처드 린 교수와 핀란드의 헬싱키대 타투 반하넨 교수가 세계 185개국 국민의 평균 지능 지수(IQ)를 조사한 결과, 한국은 조사 185개국 중 홍콩(IQ 107)에 이어 106으로 세계 2위를 차지했다. 반면 이스라엘은 45위로 평균 아이큐는 94이었다.

아이큐 평균 94밖에 안 되는 유대인은 전 세계 인구의 불과 0.2%를 차지하지만 역대 노벨상 수상자 가운데 유대인의 비율은 약 22%에 이른다.

이유는 유발 하라리의 사피엔스에서도 말하는 생각의 사용법 즉 생각의 힘이다.

1) 브레인스토밍

브레인스토밍은 '두뇌'라는 뜻의 brain과 '폭풍'이라는 뜻의 storm 이 결합된 단어이다.

브레인스토밍이란 두뇌에서 폭풍이 휘몰아치듯이 생각나는 아이디 어를 밖으로 내놓는 것을 뜻한다.

브레인스토밍은 집단적 창의적 발상 기법으로 집단에 소속된 인원 들이 자발적으로 자연스럽게 제시된 아이디어 목록을 통해서 특정한 문제에 대한 해답을 찾고자 노력하는 것을 말한다. 브레인스토밍이라 는 용어는 알렉스 오스본(Alex Faickney Osborn)의 저서 Applied Imagination으로부터 대중화되었다.[94]

그러나 Brainstorm과 같은 회의는 새로운 것이 아니며, 이와 비슷 한 절차가 이미 약 450년 전에 인도에서 힌두교 교사들이 교리를 가 르칠 때 교수 방법의 일부로 이용되었었다는 것이 알려졌다.

이 방법을 인도 말로는 'Prai- Bar shana'라고 한다. Prai는 '자신 을 떠나서(out side your self)'를 의미하고, Bar shana는 '문제 (question)'을 의미한다.[95]

2) 브레인스토밍의 4가지 기본 규칙

Osborn이 제안한 브레인스토밍은 판단과 창의성이라는 두 가지

사고 과정을 분리하여 창의적 사고를 위해 판단적 사고를 일시 정지한다면 보다 많은 아이디어를 촉발할 수 있다는 논거에서 출발한다.

또한 그는 창의적인 문제 해결 과정에서 아이디어 발상 및 전개과정을 무엇보다 중시하였고, 아이디어 발상을 증대시키기 위해 판단의 유보 및 양의 추구를 주장하였다.

Osborn은 판단의 유보와 양의 추구를 위하여 브레인스토밍 기법에서 네 가지 규칙을 제안하였다.96)

첫째, 창출된 아이디어를 비난하거나 평가해서는 안 된다. 브레인스토밍의 장점은 아이디어가 좋든 나쁘든 간에 수용하고, 평가는 보류해야 한다.

둘째, 아무리 우스꽝스러운 아이디어라도 수용해야 한다. 창의적인 사고는 자유로운 분위기에서 일어난다.

셋째, 아이디어는 많을수록 좋다. 아이디어가 많으면 많을수록 유용한 아이디어가 나올 가능성이 높다는 것이다. 양적으로 축적된 아이디어를 목록별로 정리하고 발전시켜 원하는 최종 산출물을 얻는다.

넷째, 이미 제안된 아이디어로부터 다른 아이디어를 이끌어 낼 수 있도록 한다. 1+1이 3이 될 수도 있다는 슬로건에 따라, 다른 사람이 발표한 아이디어의 좋은 점을 결합시켜 자기 자신의 아이디어로 발언할 수 있다.

3) 브레인스토밍 계획 시 유의점

브레인스토밍 프로그램에서 사용되기 위한 주제 선정과 절차를 구

성할 때 유의할 점을 살펴보면 다음과 같다.97)

　① 문제 해결을 위해 어떠한 방법을 강구해야만 하는 주제이어야
한다.

　② 지면에 써 보지 않으면 아이디어가 나오지 않을 정도로 복잡한
주제는 부적절하다.

　③ 일반적인 문제보다는 구체적인 문제를 다루는 주제이어야 한다.

　④ 두 가지 이상의 문제가 혼영 되어 있는 주제는 사용하면 안 된다.

　⑤ 문제가 너무 방대해서 아이디어의 발상이 분산되고 연쇄반응을
일으키지 못하는 것은 배제해야 한다.

　⑥ 문제에 너무 제한 조건을 붙이지 말아야 한다. 브레인스토밍 자
체가 많은 수의 아이디어를 얻기 위한 것이기 때문에 처음부터 제한
을 가하여 아이디어를 줄일 필요가 없는 것이다.

　⑦ 문제는 가능한 브레인스토밍을 하기 1~3일 전에 아이디어 발상
자 회의 참석자에게 전달해 주는 것이 좋다. 아이디어 발상자가 그
문제에 관하여 시간을 두고 미리 생각할 수 있는 여유를 줌으로써 아
이디어를 내기가 용이하기 때문이다.

4) 브레인스토밍 적용

　다음은 브레인스토밍 기법을 적용하기 위한 대상, 인원 구성, 장소
와 시간, 평가에 관한 것이다. 브레인스토밍 적용 대상은 모든 연령층
에서 가능하다. 브레인스토밍 인원 구성은 진행자, 발안자, 기록자가
필요하다.

진행자

진행자는 각 구성원의 발언을 교통 정리하여 그룹 분위기를 창조적인 방향으로 유도해가야 하며 그 역할은 다음과 같다.[98]

① 브레인스토밍의 규칙을 구성원들이 알아듣기 쉽게 풀어서 충분한 설명을 해주어야 하며, 규칙을 위반하면 재치 있게 주의나 경고를 주어야 한다.

② 진행자도 역할에 대해 미리 훈련하고, 창의적인 문제 해결 능력을 함양하여야 한다.

③ 앞에 나온 아이디어를 통해 새로운 아이디어가 나올 수 있도록 격려해야 한다.

④ 발언이 적은 사람에게는 발언 기회를 준다.

⑤ 한점에 집중하지 않도록 하고 도중에 아이디어가 나오지 않을 때는 주위를 환기하는 역할을 한다.

참여 인원

브레인스토밍에 참가하는 집단 구성 인원수에 대해 Arnold, Osborn를 비롯한 대부분의 학자들은, 이 기법은 혼자서 해도 무방하고, 2-3명 혹은 6-7명 정도가 좋으며, 때에 따라서는 수십, 수백 명이 함께 참여해도 되기 때문에 꼭 규제를 둘 필요는 없지만, 적당한 참가 인원수는 보통 6-12명 정도의 구성원이 참여하는 것이 일반적으로 바람직하다고 하였다.[99]

너무 작은 집단일 경우 아이디어의 수가 적을 수 있으며 너무 많은 경우에는 많은 사람의 의견을 수용하고 조율하기 어렵기 때문이다.

기록자

또한 기록자는 진행자 옆에 앉아 기록하는 것이 좋으며 한 명보다는 두 명 정도가 기록하는 것이 발상된 모든 아이디어를 꼼꼼하게 기록할 수 있어 정확성에 도움이 된다.

기록자의 역할은 누가 어떤 아이디어를 냈는지 기록하지 않도록 하고, 기록자 자신의 평가나 주관을 배제하고 객관적으로 기술해야 하며, 모조지를 벽이나 흑판에 붙이고 나오는 아이디어의 요점을 매직으로 쓰는 것이 좋으며, 아이디어를 빠뜨리지 않도록 하기 위해 녹음기를 동시에 사용하면 더욱 효과적이다.

장소

브레인스토밍에 적절한 장소는 편안한 장소인 것이 좋으며 인원 배치는 원형 또는 'ㄷ', 'ㅁ'자형으로 앉도록 한다.

평가

브레인스토밍을 하는 이유는 문제를 해결하기 위한 것이므로 브레인스토밍 활동 그 자체만으로 끝나는 것이 아니라, 수많은 아이디어가 전부 문제 해결에 도움을 준다고 볼 수 없으므로 평가 과정을 통해 필요한 것을 가려내는 작업이 반드시 필요하다.

평가는 효과와 실행 가능성으로 나누어 실시하며 다른 조가 담당하는 것이 좋다. 평가는 객관성과 전문성을 가진 사람이 담당하여야 하나 가벼운 문제일 경우 다른 조원이 평가한다.

그러므로 브레인스토밍 활동에서의 평가는 당장의 문제 해결이 아니고 다양한 아이디어 창출이 주목적이며, 창출된 아이디어를 통해 문제를 해결해 나가는 과정이어야 하며, 객관적인 평가가 이루어져야 함을 알 수 있다.[100]

5) 브레인스토밍의 변형[101]

명목집단 기법

참여자들은 자신들의 생각을 익명으로 적어 낸다. 이후 진행자는 작성된 아이디어들을 한데 모으고 참여자들은 투표를 한다. 투표는 간단하게 지지하는 아이디어에 거수를 해 실시한다. 이러한 과정은 일종의 증류 작업이라고 볼 수 있다.

이렇게 걸러진 높은 득표의 아이디어는 다시 원래의 회의 혹은 서브 그룹으로 넘어가고 추가적인 브레인스토밍을 실시한다.

그룹전달 기법

둥근 형태의 그룹에서 각각의 사람은 하나의 아이디어를 기록하고 난 다음, 다음 사람에게 종이를 돌리는데 다음 사람은 생각들을 더한다. 이것을 모든 사람이 자신의 종이를 받을 때까지 계속한다. 이 기법은 오랜 시간이 걸릴 수 있으나, 개인에게 문제에 대해 더 깊이 생각할 수 있는 시간을 줄 수 있다.

팀 아이디어 매핑 기법

팀 아이디어 매핑 기법은 연관성(association)을 이용한 브레인스토밍이다. 이 방법은 참여자 간의 공조를 향상시키고, 아이디어 수를 늘리며, 모든 참가자들이 참가하고 아이디어를 내지 않는 행위가 거부되는 식으로 설계된다.

통제 브레인스토밍

통제 브레인스토밍은 전자 브레인스토밍의 한 분야이다. 통제 브레인스토밍은 컴퓨터나 손으로 실시한다.

통제 브레인스토밍은 사람들에게 더 잘 알려진, 더 선호하는 해결 영역에서 작용한다(즉, 좋은 아이디어를 위한 기준 설정). 이러한 기준은 고의적으로 관념화하는 과정을 제한하는 데 사용된다.

유도 브레인스토밍

유도 브레인스토밍 영역은 특정한 주제에 대하여 시간 및 사고 범위에 제한을 두고 각자 생각하는 시간과 그룹이 함께 생각하는 시간을 따로 떼어두는 회의 방식이다.

개인 브레인스토밍

개인 브레인스토밍은 브레인스토밍을 혼자 스스로 하는 것이다. 그것은 전형적으로 무엇이든 자유롭게 쓰고 말해 보기, 자유롭게 말하기, 단어들 연관시키기, 마인드맵 그리기(사람들이 그들의 생각을 도형으로 그리는 시각적 필기)와 같은 테크닉을 포함한다.

개인적 브레인스토밍은 창의적 글쓰기에 유용한 방법이고, 전통적인 브레인스토밍보다 우월하다.

질문 브레인스토밍

질문 브레인스토밍은 문제에 대해 즉각적으로 답을 구상하기보다는 문제에서 파생되는 질문에 대해 사고를 회전시키는 기법이다. 이론적으로 이 기법은 참가자들에게 답을 내놓을 필요가 없다는 식으로 제한을 걸지 않는다.

Part 6

청소년 퍼실리테이션 도구

퍼실리테이션의 도구는 수백 가지가 넘는다. 퍼실리테이션의 주제별, 단계별로 활용하는 도구도 다양하다. 이 책에서는 많은 도구들 가운데 청소년 퍼실리테이션의 가장 기본이 되는 공감대화, 창의대화, 이미지 바꾸기, 실행계획의 도구를 설명하고자 한다.

1. 공감대화

1) 공감대화 이해

공감은 '그랬구나!'라고 그 마음을 알아주는 것이다.

"왜 또 옛날이야기를 하고!" "왜 별것도 아닌 일을 또 끄집어내!"라고 화를 내는 대신에 "아직도 그 일이 생각나는 걸 보니 당신 그때 진짜 힘들었구나." 하고 이야기하는 것이다. 공감은 사실을 확인할 때가 아니라 상처받은 마음이 받아들여질 때 이루어진다.

우리가 자신의 머릿속에서 비판하고, 비난하고, 분노를 일으키는 생각에 빠져 있을 때에는 우리 자신을 위한 건강한 내면 환경을 만들 수 없다. 우리는 자신이나 다른 사람의 잘못보다 우리가 진정으로 원하는 것에 집중함으로써 좀 더 평화로운 마음 상태에 이를 수 있다.

"이 상황의 객관적인 사실은 무엇인가? 지금 나는 어떻게 느끼는가? 무엇을 진정으로 원하고 있는가? 이것이 나에게 주는 의미와 가치는 무엇인가? 아! 이렇게 결정하면 되겠구나?" 이러한 질문에 답을 찾아가는 길은 자신과 자신의 가치관을 온전히 드러내는 성장으로 가는 길이다.

공감대화 4단계는 사실 확인(관찰)-반응-이해-결심의 네 단계로 진행되는 개인 및 집단 성장 프로세스이다. 대상에 대하여 오감각을 통한 경험, 기억 및 감정을 표현하며, 좌뇌와 우뇌, 직관 및 이성을 활용하여 성찰하고, 의미를 부여하여 결심하는 과정으로 육체의 모든 자원을 사용한다. 이는 의사 결정 과정을 통해 결정을 내리기 위한 의지의 기능과 관련이 있다.

네 단계는 단순히 지각, 응답, 판단 및 결정의 자연스러운 내부 프로세스에서 시작된다. 이 네 가지 수준은 우리가 일반적으로 무의식적인 인간 마음의 자연적 과정을 설명한다.

이런 과정을 통해 내용이 바뀌고 경험이 쌓이면 더 많은 내부 변화가 생겨난다. 특히 성격심리 가운데 에니어그램에서는 사람들이 대상에 대해 머리, 가슴, 장 3가지로 반응한다고 가정하는데, 동일한 일을 경험하더라도 반응 즉 감정에 민감한 가슴 유형이 있고, 이해에 민감한 머리 유형, 의지, 행동에 민감하게 반응하는 장 유형이 있다. 건강한 사람은 3가지 유형이 골고루 발달함을 말한다. 인격의 구성 요소인 지정의가 골고루 발달해야 건강한 인격의 소유자가 된다.

공감대화는 각 유형의 발달한 부분뿐만 아니라 개발해야 할 부분들까지 대화 프로세스 가운데 들어 있다. 즉 대화를 통해 개발해야 하는 부분들을 타인들의 경험을 통해 공감하고 이해함으로 통합의 방향으로 나아가도록 돕고 있다. 지정의를 골고루 발달시킬 수 있는 요소들이 대화의 프로세스 속에 있는 것이다.

이러한 네 가지 인식 단계에서 작동하며 활동의 범위를 삶에 대한 개인의 반영에서 그룹의 공유된 통찰력으로 전환된다. 개인의 반영에서 그룹으로 공유되는 과정을 통해 다양하게 활용된다.

2) 공감대화 구조

공감대화의 프로세스 속에는 공감의 요소, 공감의 기능, 공감의 태도가 녹아져 있다. 또한 효과적인 의사소통의 방법이 사용 된다. 공감과 소통을 전제로 서로 이해하고, 깊은 성찰을 통해 공통의 의미와 합의를 이룬다. 공감대화는 4단계로 이뤄진다.

1단계 : 사실 확인 단계
괴테의 말처럼 첫 단추를 잘못 끼면 나중에 단추를 끼지 못하는 것처럼 대화의 첫 출발은 사실의 공유에서 시작되어야 한다. 최근 팩트 체크가 되지 않은 가짜 뉴스의 범람으로 사회 갈등이 심화되고 대화가 되지 않아 사회적 합의를 이루지 못하는 것을 보고 있다.

관찰을 통한 사실 확인은 충고, 조언, 판단, 평가가 들어가지 않은 우리가 보고 들은 그대로의 객관적인 사실을 살피는 것이다. 현상학에서 말하는 '판단의 중지'가 일어나야 하는 단계이다.

개인의 선입견, 이념, 신념, 전통, 감정 등 내면의 평가와 판단을 멈추고 있는 그대로를 살피는 것이다. 객관적인 정보를 공유해야 서로에 대한 신뢰가 쌓인다.

첫 관찰에서 평가나, 판단이 들어가면 마치 첫 단추를 잘못 꿰면 나중에 단추를 끼울 구멍이 없듯이 그 다음 이어지는 과정이 원활하게 이루어지지 못한다. 말을 할 때 관찰과 평가를 섞으면 듣는 사람은 이를 비난으로 여기며 거부감을 갖는다. 사실 확인에서 출발하지 않은 대화는 자기의 주장을 일방적으로 전달하고 강요를 한다. 많은 사람이 이런 대화를 하고 있다.

대화의 출발에서도 정보에 대해 공평해야 신뢰를 가지고 의미 있는 대화를 할 수 있다. 대화의 출발이 동일 선상에서 이루어지도록 하기 위해 사실 확인을 먼저 해야 한다.

있는 그대로, 사태 그 자체를 보기 위해서 인간의 오감각을 사용한다. 판단이 배제된 청각, 시각, 후각, 미각, 촉각을 통해 인지한 것을 이야기 한다.

2단계 : 반응 단계

개인적 반응으로 연상되거나 느끼는 감정을 표현하는 단계이다. 개인이 내부나 외부의 자극을 통하여 느끼는 신체 감각과 감정을 표현하는 단계이다.

신체 감각이란 외부 세계를 느끼는 시각과 청각 같은 외부 감각을 말하는 것이 아니라 몸의 열감, 심장 박동, 호흡, 어지러움, 통증, 근육의 경직감 등 몸이 느끼는 내부 감각을 말한다. 우리 마음은 몸과 연결되어 있다.

감정도 마찬가지이다. 우리는 감각이 있기 때문에 감정을 느낄 수 있다. 신체 감각을 동반하지 않는 감정은 감정이 아니라 생각이다. 화가 났는데 신체적으로 아무 느낌이 없다면 화를 내야겠다고 '생각'한 것이다. 바늘 가는 곳에 실 가듯 감정이 일어날 때에는 감각이 느껴진다. 그러므로 몸의 감각이란 자아의 더듬이와 같으며, 자기를 이해하는 가장 기본 통로이다.

반응을 살피기 위해 느낌, 기분, 정서, 기억, 연상, 이미지 등을 찾아갈 수 있는 질문을 한다. 반응의 단계에서 서로 상대에 대한 정서적 반응을 공감하여 지지와 인정, 위로를 받게 된다.

3단계 : 해석 단계

이 단계는 의미와 가치, 중요성, 의도, 합의에 집중하는 단계이며, 의미와 의도의 차원을 집중 파악한다. 예를 들어 이 주제에 사람들이 부여하는 중요성이 무엇인가를 파악하는 것이다. 성찰을 통해 사고가 확장되고 새로운 것을 볼 수 있는 시야가 열리며 집단적 지혜의 힘을 경험하게 된다.

4단계 : 결심 단계

이 단계는 의사 결정에 관한 질문을 하는 단계로서 앞으로 해야 할 행동과 미래의 방향 그리고 다음 상황에 대한 사람들의 관계나 반응을 결심하는 단계이다. 집단의 결심으로 끝나는 게 아니라 행동으로 나아가게 한다. 이제는 정보화시대를 넘어서 빅데이터 시대이다.

20년 전만 해도 정보를 선점하는 사람이 성공했다면 이제는 실행 능력이 있는 집단이나 사람이 성공한다. 정보의 부족이 아니라 실행력이 얼마나 있느냐가 더 중요한 시대로 접어들었다.

3) 공감대화의 특징

공감은 타자의 경험 안으로 들어가 자신이 경험해 보지 않은 일들에 온전히 거하며 완전하게 수용하는 것이다. 공감의 시작은 상대방의 언행에 대해 일시적으로 판단과 비난을 중단하고, 상대방을 무조건 옳다고 인정하는 데서 시작된다. 사실 확인, 반응, 해석, 결심의 4단계로 진행되는 공감대화는 인간의 모든 지각, 감각, 인지, 사고 기능을 최대한 사용한다.

공감대화의 4단계 과정을 통해 개인은 성찰을 통해 자신의 성장을 경험하고, 너와 나는 공감을 통해 소통의 시내를 이루어 가며, 그룹은 상호작용을 통해 상생하는 공동의 가치를 만들어간다. 작은 시내가 만나서 강을 이루고, 강이 모여 바다를 형성하는 것처럼 공감대화는 나와의 대화, 나와 너의 대화, 그룹 대화를 통해 더 깊고 넓은 의미의 바다를 이루어 간다.

공감대화의 활용

첫째, 사고의 능력을 확장하고 둘째, 공감 능력을 키우며 셋째, 학습을 의미 있게 만들고 넷째, 효과적인 의사소통의 능력을 강화하고 다섯째, 문제를 예방하고 해결하며 여섯째, 자기주도 능력을 향상시키며 일곱째, 평가의 효과를 강화할 수 있는 잠재력을 갖게 한다.

공감대화의 장점으로는 집단 구성에 있어 다양성의 허용이 가능하고, 오랫동안 대화 주제에 몰입하여 필요 사항이나 추후 방향을 충분히 고려할 수 있으며, 시간 절약과 창의적 사고 그리고 상대방 의견을 주의 깊게 경청하여 사고의 자유로움과 솔직한 응답이 진솔하게 이루어질 수 있다는 것 등이다.

4) 공감대화의 전제

이 방법은 많은 사람의 관찰을 통해 삶을 접하는 방법과 삶의 정보를 처리하는 방법에 대한 몇 가지 가정을 기반으로 한다.

① 이 방법은 우리가 눈에 잘 띄고 관찰 가능하며 감각적인 세상에서 삶의 현실을 찾는다고 가정한다. 우리는 그것을 경험을 통해서

발견한다. 우리는 보고, 냄새 맡고, 만지고, 맛보고, 듣는 것으로 시작한다.

② 우리가 경험하는 것에서 진정한 감정 및 연관성이 발생한다고 가정한다.

③ 우리 자신과 경험에서 분리된 것보다는 삶의 한가운데서 일상적인 만남에서 의미를 창출한다는 것이다.

④ 이 방법은 인생에 대한 통찰력을 처리하는 것이 미래에 대한 통찰력을 투사하는 것이라고 가정한다. 우리가 행동에 대한 미래의 의미를 결정하지 않으면, 우리는 세상에 다시 연결되지 않는 내부 반응이나 이론적 의미를 보는 데 고착한다. 학습의 적용은 처리의 마지막 단계이다.

5) 공감대화 구조 살펴보기

시작하기

① 주제 : 대화의 주제를 명확하게 설명하고 참여자들이 볼 수 있게 적는다. 원활한 대화를 이끌어 가기에 필요한 자료가 있으면 공유하도록 한다. 정보 획득의 차별을 방지한다.

② 참여 지침 : Ground Rule을 정하며, 퍼실리테이션의 전제를 제시한다. 퍼실리테이터의 역할을 명확히 설명한다.

③ 소요 시간 : 소요 시간을 제시한다.

목표(KSA)

① 지식(Knowledge): 참가자들이 대화를 마칠 때 새로운 것을 배우고, 깨달음을 얻고 결심해야 할 것, 즉 대화의 산출물을 알게 된다.

② 기술(Skill): 참가자들이 대화를 마칠 때 공감과 성찰의 방법을 배우며, 문제 해결의 방법을 알게 된다.

③ 태도(Attitude): 대화를 통해 역지사지의 마음으로 공감을 하며, 타인과 자신을 이해하며 자기 표현력 및 자존감을 갖게 된다.

사실 단계(관찰)

사태 그 자체를 기술 ; 주제에 관한 편견과 선입견을 제거하고 객관적 자료와 사실에 주의 집중한다.

- 오감각을 활용한 질문을 한다.
- 당신이 관찰한 것은 어떤 것들인가?
- 당신의 관심을 끈 단어나 문구는 무엇인가?
- 당신이 본 것은 무엇인가?
- 그곳에 누가 있었는가?
- 사람들은 뭐라고 말했는가?
- 그곳에는 얼마나 많은 사람이 있었는가?
  그곳에는 어떤 색깔이 있었는가?
- 기억나는 장면은 무엇인가?
- 기억나는 사건은 무엇인가?
- 그 사건에 대해 명료하게 이해하기 위해 알고 싶은 것이 있다면 어떤 것인가?
- 우리가 알아야 할 다른 사항들은 무엇인가?

반응 단계

사태 그 자체에 관한 즉각적 반응, 연상에 대한 질문을 한다.

- 당신의 직감적인 반응은 무엇인가?
- 당신이 염려하는 것은 무엇인가?
- 무엇이 연상되는가?
- 무엇이 당신을 기쁘게 하는가?
- 무엇이 당신을 신나게 하는가?
- 무엇이 당신을 실망하게 하는가?
- 집단 전체의 반응은 어떠한가?
- 어떤 이미지가 떠오르는가?
- 이와 비슷한 경험을 가진 적이 있는가?

이해 단계

의미 부여, 새롭게 보게 된 것, 알게 된 것을 집중적으로 조명하는 질문을 한다.

- 이 사건이 우리에게 부여하는 의미와 가치는 무엇인가?
- 이것을 통해 우리가 얻을 수 있는 통찰은 무엇인가?
- 왜 이것이 당신에게 중요한가?
- 이 주제를 다른 관점으로 볼 수 있는가?
  그 사건에 대해 완전히 다른 관점을 가지고 있는 사람은 누구인가?
- 왜 그런 생각을 하게 되었는가?
- 우리가 생각해 낼 수 있는 대안이 있다면 무엇인가?
- 우리는 무엇을 배웠는가?
- 왜 그 사건이 일어났는가?
- 그때 가장 중요했던 사건은 무엇인가?
- 이것을 다른 것과 연결 지어 생각한다면?

여기서 찾아볼 수 있는 패턴은 무엇인가?

이것의 근본 원인은 무엇인가?

- 우리가 이것을 하지 않으면 어떤 일이 일어나는가?
- 새롭게 깨닫게 된 것은 무엇인가?

결심 단계

대화의 과정에서 얻은 깨달음을 실천하도록 질문을 한다.

- 이제 우리는 어떻게 다르게 살아야 하는가?
- 우리의 결정은 무엇인가?
- 다음 단계의 행동은 무엇인가?
- 여기에 없었던 다른 사람에게 이것에 대해 말한다면 무엇이라고 이야기할 것인가?
- 누가 그것을 할 것인가?

마무리

전체 과정을 확인하고 결정 사항을 읽도록 하거나 읽어 준다. 공감 대화 절차로 5분 이내로 오늘의 퍼실리테이션을 피드백하며 정리한다.

6) 공감대화 활용

학급회의, 임원회의, 행사계획, 문제해결, 일기 쓰기, 영화·음악·미술 감상문 쓰기, 학습정리, 진로 찾기 등.

2. 창의대화

1) 창의대화 이해

창의대화는 의견 또는 입장이 다른 이해 당사자들이 다양한 교섭, 대화, 조정의 과정을 거쳐 하나의 결론에 도달하는 것이다. 그 결과에 대하여 그룹은 상호 동의하는 것이다. 다수결처럼 다수의 지배에 의하여 어떤 사안이 결정되는 것이 아니라 모든 이해 관계자의 동의에 의해 폭넓은 지지를 이끌어내는 것이다.

창의대화의 유익을 보면 의사 결정에 참여함을 통해 참여자의 동기 부여에 효과적이며, 참여자의 자아실현의 욕구를 충족시켜 조직과 의사 결정에 대한 긍정적 태도를 가지게 한다.

창의대화는 더 많은 정보와 지식을 이용할 수 있어 보다 많은 대안을 만들어 낼 수 있고, 의사 결정의 질을 향상시킬 수 있다. 참여자 상호 간의 이해의 폭을 증가시켜 의사 결정의 최종 단계에서 참여자들의 공감을 얻을 수 있으며, 참여자들은 그 결정에 적극적이게 된다. 또한 보다 활발한 의사소통이 가능해지며 정확한 의사 결정이 신속하게 이루어질 수 있다.

집단 토의는 관심을 공유하는 구성원들이 문제 해결을 위한 이상적인 방법을 찾기 위해서 서로의 의견을 협동적으로 제시하는 측면으로 바라볼 수 있다. 포럼, 세미나, 심포지엄, 워크숍, 분임 토의, 패널 토의, 자유 연상 토의, 명목 집단 토의, 원탁 토의, 회담, 연구 토의 등 다양한 형식이 있다.

집단 토의는 소수의 집단으로 대면 접촉이 가능한 대략 5-20명 규모의 집단을 의미한다. 임무와 관련된 활동에서 문제에 당면하면서 대상을 분석하고 가능한 해결들을 제시하고 대안을 숙고하는 토론이 발생한다. 역할 수행·목표 설정·정서적 관계 등의 상호 작용이 일어나는 것이다.

2) 창의대화의 특징

창의대화의 특징은 힘의 균등과 영향력이다. 모두에게 동등한 참여가 보장되며 제시한 의견이 수용되는 특징이 있다. 성적이 좋은, 머리가 좋은, 힘센, 목소리 큰, 나서길 좋아하는 사람이 주도권을 가지고 영향력을 행사하는 대화가 아니라 모두가 동등한 권리를 가지고 의견을 제시하고 제시된 의견을 합의로 이루는 과정이다.

보편적이며 인본주의적인 접근

어떠한 경영 시스템, 기술 분야에서도 언제, 어디서든 사용 가능한 방법이며, 맞고 틀린 것, 좋고 나쁜 것 등의 이분법적인 판단을 하지 않고 개방적이고 긍정적인 질문으로 현실의 긍정적 부분을 탐구한다.

변혁을 의도하고 변혁적 결과를 창출하는 방법

개인적 관점을 허용하면서 새로운 통찰과 통합으로 그 관점을 확장시키는 것을 돕는다.

의도되지 않고 스스로 움직이게 하는 방법

사전 의도 없이 시작되어 참석자들이 만들어가는 의도를 전달하고 보호하는 방법이다.

집단을 존중하고 집단의 지혜를 존중하는 방법

모든 참석자들이 지혜를 갖고 있다는 것이 전제이다.

3) 창의대화의 필요성과 효과

집단 토론에서 사회 문제를 바라보는 차이를 반영하기 위해서는 기존의 방식과는 다른 방법이 요구된다. 이는 관련 정책 등으로 영향을 받게 되는 다양한 주체들을 참여시키고, 정보를 공유하며, 다양한 가치 체계와 인식을 가진 사람들이 존재함을 상호 인정하며, 민주적인 대화와 협의의 과정이 필요하기 때문이다.

창의대화의 형성적 접근이 갖는 효과는 다양하다.

참여적 의사 결정이 갖는 정치적 의미다. 자신의 삶에 영향을 미치는 문제를 이해 당사자 간의 대화와 협의를 통해 조정, 타협하는 노력은 정치적 주체 형성이라는 측면에서 의미가 크다. 이러한 참여는 당사자의 소외감을 줄이고, 의사 결정에 대한 신뢰를 증진한다.

정책 결정 과정의 투명성과 책임성 확보로 인한 효율성 증대가 예상된다.

다양한 가치와 견해를 가진 시민들의 의견을 수렴하는 과정에서 사업의 목적과 방법 등이 조정되거나 더욱 효율적인 수행의 기반을 가지게 된다. 특히 이해 당사자가 직접 참여함으로써 상호 작용 과정을 통해 사회적 신뢰와 네트워크 형성에 기여한다. 이는 장기적으로 사회 내부의 문제 해결 능력을 향상하고, 대화와 타협의 문화를 형성한다.

비용과 시간을 줄일 수 있다.

결정하고 공포하고 방어하는 전통적인 방식은 결과적으로 강력한 주민 저항과 환경 변화 등으로 지연되는 경우가 많았다. 창의대화 방법은 시작하는 단계에서는 시간이 더 걸릴 수 있지만, 합의 과정 없이 진행하면서 갈등을 겪는 사업들에 비하면 시간과 비용을 절약하는 효과가 크다.

문제 해결 능력의 증대이다.

참여자들은 대화 및 논의 과정에서 자신의 견해와 다른 가치관과 기준을 가지고 있는 사람들이 있음을 이해하게 된다. 이러한 인식 과정은 상호 간에 사회 학습의 기회를 제공하며, 대화와 타협이 필요하다는 것을 인식하게 되는 계기가 된다. 요약하면 창의대화의 유익은 동등한 참여와 상호 이해, 집단 지성을 활용한 문제 해결 방안을 찾고 공동의 책임을 가지게 한다.

4) 창의대화의 전제

의견의 보편성

창의대화는 누구나 생각을 하고 있고 자기 나름의 의견을 의미 있게 가질 수 있음을 존중한다.

독립된 개체보다는 연합된 합의체

가장 바람직한 최선의 결과를 위해서 한 사람보다는 참여 구성원 모두의 참여가 중요함을 인정한다. 문제에 관해 독립적이고 익명으로 견해를 제시하고 종합하여 집단적인 판단으로 정리한다. 게슈탈트 심리의 철학에 의하면 인간은 통합하고 조직화하고, 협동하려 한다.

다름과 틀림의 명확한 구분

내 생각과 맞지 않는다고 해서 틀린 답이라는 입장보다는 다른 답이라는 가정이 있어야 한다. 다양성의 인정이 있어야 바람직한 답을 창출해 낼 수 있다. 그러므로 비판 없는 아이디어가 제시되어야 하고, 아이디어의 양이 질을 만든다는 가정을 한다.

모든 의견이 경청 되고 모든 의견이 반영 된다

모든 참여자의 의견은 경청 될 가치가 있는 것이며, 절대적인 윤리 가치에 위반되지 않는 한 모두가 경청해야만 한다.

5) 창의대화의 과정

창의대화의 과정은 다음과 같다. 시작하기- 생각 이끌어내기- 의견 모으기-의견 분류하기-이름 짓기-마무리 과정을 거친다.

시작하기

주제 설명, 프로그램, 일정 소개 및 팀 빌딩 등 모두가 함께하는 분위기를 만든다.

생각 이끌어내기

새로운 방법을 찾을 수 있도록 개인별 브레인스토밍을 하여 최고의 아이디어를 발산하게 한다.

브레인스토밍을 통해 창출된 아이디어는 ① 내용과 형식을 막론하고 비난하거나 평가해서는 안 되며, ② 어떤 종류의 아이디어라도 수용되어야 하며, ③ 아이디어의 질보다는 양이 많을수록 유용하고, ④ 이미 제안된 아이디어로부터 다른 아이디어를 이끌어 낸다. 따라서 퍼실리테이터는 자유로운 분위기를 조성하여 창의적인 사고를 이끌어 낼 수 있도록 해야 한다.

의견 모으기

소집단 브레인스토밍의 기법을 활용하여 아이디어나 이슈들을 공유한다. 전체 발표가 아니라 2-3명으로 구성된 팀원들에게 자신의 생각을 이야기함으로 발표에 대한 두려움을 제거하고 의견 수용을 통한 심리적 안정감을 갖게 한다. 그리고 생각한 아이디어를 카드에 적어 제출하게 한다.

의견 분류하기

제출된 아이디어를 주제별로 분류한다. 각 소그룹 아이디어를 수집한 내용으로 같은 주제별 모둠 만들기를 실시하고 남은 것들에 대한 관계 짓기를 한다. 현재까지 단계에서 나온 아이디어를 모둠 만들기를 하여 새로운 관점을 발견하고 기존 방법들을 재점검, 모둠별 패턴과 관계를 확인하는 단계이다.

이름 짓기

주제별로 분류된 의견들을 대표할 수 있는 이름을 정한다. 이번 단계에서는 각 모둠의 핵심을 발견하고, 명료화하며, 새로운 관점을 통해 모둠의 이름 짓기를 실시하는 과정으로서 최초의 합의가 일어나는 단계이며, 합의를 끌어내기 위해 공감대화를 사용한다. 이름을 부여하는 과정에서 주인 의식을 갖게 한다.

마무리

참여자 모두가 참여 과정을 되돌아보며, 합의한 결과물을 작성하고, 집단이 합의하여 결정한 내용을 한데 모아 정리한다. 그리고 주제에 따라 우선순위를 정하고 실행계획을 세운다.

6) 창의대화의 활용

학급회의, 임원회의, 학교 규칙 세우기, 행사계획, 동아리 비전, 하루가 신나는 우리 교실(공감대화와 함께 사용), 행복한 학교 만들기(생각 바꾸기와 함께 사용), 스마트폰 잘 쓰기, 좋은 이성 친구 되기, 절친 되기, 사이버 폭력 근절(공감대화와 함께 사용), 욕보다 고운 말(공감대화와 함께 사용).

3. 이미지 바꾸기

1) 이미지 변화

미국 심리학의 아버지라 불리는 '윌리엄 제임스'는 이렇게 말했다. "금세기 위대한 발견은 물리학 분야나 과학 분야, 공장을 짓고 우주 공간에 로켓을 쏘아 올리는 분야가 아닙니다. '사람이 생각을 바꿀 때 그 사람의 인생 전체가 바뀐다'라는 것을 알았다는 것입니다." 생각이 바뀌면 행동이 바뀌고, 행동이 바뀌면 습관이 바뀌고, 습관이 바뀌면 인격이 바뀌며, 인격이 바뀌면 운명이 바뀐다. 생각의 변화가 가져오는 놀라운 인생의 변화를 말하고 있다.

어린이가 자전거를 배울 때 계속 넘어지고 아파도 자전거를 타기를 계속 시도하는 것은 나중에 스스로 자전거를 신나게 탈 수 있다는 생각이 현재의 아픔을 견디게 만드는 것이다.

수학에서도 마찬가지이다. 쉬운 문제보다는 알 듯 말 듯 한 호기심이 있는 나만의 미해결 도전 문제를 찾아 이를 해결하기 위해 실패와 고통을 참고 인내하는 것은 시련을 극복하여 문제를 풀었을 때 앎의 기쁨과 뿌듯함을 알기 때문이다.

이미지는 행동의 원동력이다. 떠오르는 생각을 흘려보내는 것이 아니라 계속 머물게 하면 이미지가 만들어 진다. 이미지가 형성이 되면 그 이미지를 따라 행동하게 한다.

2) 이미지와 행동

합리적 정서 이론은 Ellis(1963)가 제안한 것으로 인간이 겪는 대부분의 정서적 문제는 비합리적 생각에서 비롯된 것으로 내담자의 정서적 혼란과 관계되는 비합리적 생각을 논박해서 합리적인 생각으로 바꿈으로써 보다 현실적이고 효과적이며 융통성 있는 생각을 가질 수 있다는 이론이다.

합리적 정서 이론은 우리의 정서적 반응의 표현이 우리의 의식적·무의식적 평가, 해석, 철학 등에 달려 있다고 하는 기본 가정에 근거를 두고 있다. 따라서 우리가 불안과 우울을 느끼는 것은 우리가 어떤 일에 실패했을 때 그것을 엄청나게 잘못한 일이라고 스스로 믿거나, 거부당한 고통을 견디어 낼 수 없다고 굳게 믿기 때문이다.

　로저 배니스터가 마의 벽에 들어선 1954년 5월 6일 이전까지는 사람들은 "1마일을 4분에 달리는 것은 불가능하다."라는 신념을 가지고 있었다. 9년 동안 아무도 이 기록에 근접한 적이 없었으나, "내가 해내겠다." "인간의 한계는 마음에 달려 있다."라며 마음의 장벽을 깬 25세 의대생이 1마일 3분 59초 4의 기록을 세움으로써 마의 벽이 깨졌다. 이후 한 달 만에 10명, 1년 후 37명, 2년 후 300명으로 심리적 장벽이 깨졌다.

　한계를 정하는 것은 생각이다. 자신을 규정하는 생각에 따라 그 사람의 역량과 삶의 질이 결정된다.

　생각이 변해서 심리적 장벽을 허물고 행동으로 나아갔다. 심리적 장벽 즉 이미지의 변화가 행동의 변화를 가져왔다. 반복적으로 메시지를 듣게 되면 생각의 변화를 가져오고 신념이 변화되면 마음에 이미지가 형성이 된다. 형성된 이미지는 행동을 규정한다. 메시지는 신념을 신념은 이미지를 형성한다. 이미지는 생각에 의해 변화할 수 있으며, 변화된 이미지는 행동을 변화시킨다.

　우리의 행동을 좌우하는 것은 바로 그 이미지이며, 이미지는 생각의 습관, 신념에 의해 결정된다. 우리의 행동은 신념에 의해 만들어진 이미지에 의해 결정된다. 모든 사람은 자신에 대한 다양한 이미지를 가지고 있으며, 그 이미지를 따라 행동한다. 자신에 대한 생각의 변화가 이미지를 바꾸고 변화된 이미지가 행동을 새롭게 하고, 변화된 인생을 살게 한다.

3) 이미지 바꾸기의 전제

이미지 바꾸기에 응용되는 전제는 신경 언어학 프로그램과 맞닿아 있다고 생각되며 이를 살펴보면, 생각 에너지는 관심이 가는 곳으로 영향을 미친다. 내가 원하는 결과는 내가 관심을 갖는 대상과 목표에 의해 좌우된다.

마음에 담은 이미지의 지도는 실제 사물이 아니다. 실제 사물화 될 수 있는 그림을 그려 나가야 한다. 사람의 모든 행동은 내적인 변화에 대한 정보(Information)이다. 사람의 행동은 자신이 믿는 바, 자신의 내면 상태에 기반하여 나타난다. 감정의 경험은 구조가 있어서 구조가 바뀌면 경험도 바뀔 수 있다.

나의 경험은 내가 어떻게 의미를 부여하느냐, 가치를 주는 가에 중요도가 달라지며 이를 해석하는 내 생각이 중요하다. 나의 경험은 일정한 패턴을 만들어내며 생각과 기억을 통하여 구조화되면 유연성 있게 행동할 수 있다. 나에게는 필요한 모든 자원이 있으므로 나에 관한 생각을 바꾸면 가능성을 실질적으로 변화시킨다.

4) 이미지 바꾸기의 구조

모든 인간은 이미지에 의해 움직인다. 이미지는 행동을 규정하고, 메시지는 이미지를 형성한다. 이미지는 변화할 수 있으며, 변화된 이미지는 행동을 변화시킨다. 우리의 행동을 좌우하는 것은 결국 이미지이다.

그렇다면 무엇이 이미지를 결정할까? 이미지는 그 이미지를 소유한 사람이 과거에 겪은 모든 경험의 산물로부터 형성된다. 태어나는 순간 또는 그 이전부터 끊임없는 메시지의 강물이 감각을 통해 우리 몸으로 흘러들어 온다. 메시지가 도달할 때마다 그 메시지에 의해 우리의 이미지는 조금씩 변화하고 이미지가 변화함에 따라 그에 반응해 우리의 행동 패턴도 변화한다. 메시지의 중요성은 그것이 이미지의 변화를 가져오는 데에 있다.

5) 이미지 바꾸기의 과정

1. 현재의 나(조직)의 모습(현실)은 어떤가?
2. 지금 나(조직)의 현실(모습)을 이미지로 표현을 한다면 어떤 이미지인가?
3. 나(조직)의 이미지 형성에 영향을 준 요인들은 무엇인가? 어떤 신념을 가지고 있는가?
4. 나(조직)의 신념에 영향을 준 메시지는 무엇인가?
5. 내(조직)가 원하는 모습(목표)은 무엇인가?
6. 내(조직)가 원하는 모습을 이미지로 표현을 하면 어떤 이미지로 표현할 것인가?
7. 나(조직)의 새로운 이미지를 만들기 위해 필요한 신념은 무엇인가?
8. 나(조직)의 새로운 신념을 가지기 위한 메시지는 무엇인가?

이미지 바꾸기 프로세스

1	현재의 모습:	5	변화된 모습:
2	현재의 이미지:	6	새로운 이미지:
3	현재의 신념:	7	새로운 신념:
4	과거와 현재의 경험, 메시지:	8	새로운 메시지:

4. 실행계획 세우기

1) 실행계획의 개념

실행계획은(Action Plan)은 전략적 기획에서 많이 활용되는 관리 기법 혹은 관리 도구이다.

실행계획은 실행 지침, 실행 프로그램 등으로 표현되고, 기획(plan)의 목표를 실현하기 위한 구체적인 하나 또는 복수의 계획을 말한다. 행동계획, 실천계획이라고도 한다. 회사나 개인 등 일상에서도 자주 사용된다.[102]

그리고 목표와 사업 계획을 달성하기 위해 '언제까지' '무엇을' '어떻게 할 것인가'를 결정하고 이것을 직원이나 멤버와 함께 공유하여, 진행 상황을 파악함으로써 목표 달성까지의 과정을 명확히 하는 것이 실행계획이다.

2) 실행계획의 필요성

최근 집단의 지도자들과 관리자들은 매우 어려운 도전에 직면하고 있다. 그것은 급격한 변화가 그들을 둘러싸고 있는 것이다. 이 변화들이 창출하고 있는 도전들은 세계가 상호 밀접하게 연결되고 한곳에서의 변화가 예측할 수 없이, 그리고 매우 위험하게 다른 곳으로 신속하게 퍼지고 있다는 것이다.

또한, 그들의 환경에 대한 통제가 점점 더 어려워져가고 있음에도 불구하고, 집단의 지도자들과 관리자들은 그들의 집단과 조직의 성과에 대하여 책임을 강요받고 있다.

이들에게는 이처럼 급속하게 변화하는 환경하에서 효과적이고 책임 있게 관리할 수 있도록 그들을 도와줄 경영관리 방법이 필요한데 그것이 전략기획이다.

전략적 기획은 조직과 지역의 목표 설정과 전략 개발을 돕고, 문제 해결을 위한 실천적 행동을 중시하는 계획 방식을 의미한다. 조직과 구성원들이 목적을 달성하기 위해 전략적으로 사고하고, 행동해야 하며, 세부적으로 조직의 목표 설정과 이를 달성하기 위한 전략의 개발, 환경 변화에 대한 전략적 대응과 미래지향적인 행동, 전략적 행동을 위한 조직적인 의사 결정 등에 대한 체계적인 접근 방법이 주요한 개념으로 포함되어 있다.[103]

3) 실행계획의 유익[104]

① 실행계획을 작성하게 되면 프로젝트 관리자뿐 아니라 모든 팀 구성원이 진척 상황을 모니터링하고, 각각의 업무를 순차적으로 진행할 수 있게 하며, 프로젝트를 더 효율적으로 처리할 수 있게 도와준다.

② 실행계획은 달성하고자 하는 최종 목표를 위해 구조화된 계획을 수행할 수 있게 해 주고, 나아가 팀에게 적절한 기반을 제공해 줌으로써 각각의 업무에 얼마만큼의 시간을 우선하여 투자해야 하는지를 알 수 있게 한다.

③ 각 팀원이 각자의 역할을 잘 알 수 있도록 해 주기에 팀워크를 향상해 주며, 프로젝트 성공을 보장하는 필수적인 정보를 제공해 준다.

이와 같이 실행계획은 조직이나 기관이 목적 또는 목표를 달성하기 위해서 사업계획을 바탕으로 구체적인 실천 방안을 수립하는 치밀한 계획으로 프로젝트를 성공으로 이끌어 주는 중요한 기법임을 알 수가 있다.

즉 실행계획은 수립된 전략적 계획이 계획으로만 끝나는 것이 아니라 보다 구체적이고, 측정 가능하며, 실현 가능한 행동으로 옮겨져 조직의 목표를 달성할 수 있도록 돕는다.

또한 실행계획은 목표 달성을 위해 필수적인 단계를 확인하기 위한 조직의 전략으로서 시행하고 실패하는 데 소요되는 자원을 절약하기에 효율적이며 조직의 허용치를 설정하는 데 도움이 된다. 그리고 서류로 작성된 실행계획은 조직의 의무에 대한 증표로 활용되기도 한다.

전략적 기획은 조직이 직면하고 있는 핵심 이슈를 발굴하고, 발견되어진 핵심 이슈를 바탕으로 체계적인 대응 전략을 수립할 수 있는 것으로서 전략적 기획에서 실행계획의 수립과 실행은 매우 중요한 과업이다.105)

4) 실행계획의 절차와 방식

조직에서 실행계획을 작성할 때에는 조직의 이슈 해결을 위해 팀원들이 수립한 목표가 무엇이며, 각각의 관련된 목표에 도달하기 위해 어떤 구체적 행동이 필요하고, 누가 각각의 행동과 타임 스케줄에 따를 것인지 등이 구체적으로 명시되어야 한다.

즉 실현될 목표, 조직의 전체 전략적 목표에 기여하는 방법, 조직의 목표 달성 시 구체적인 결과, 결과를 얻을 수 방법, 각 결과가 달성되는 시점 등이 포함되어야 한다.

따라서 계획 수립의 기본적인 절차는 '준비 단계 → 여건 및 수요 분석 → 비전 및 목표 도출 → 의견 수렴→ 계획 수립→ 피드백'의 단계를 거쳐 추진하도록 설계한다.

5) 실행계획 과정

순서	과 정		내 용
1	프로젝트 요소		요소의 명칭을 적는다.
2	환경 분석	강점	현시점에서 이 요소를 실행하는 데 있어서 강점을 적는다.
3		약점	현시점에서 이 요소를 실행하는 데 있어서 약점을 적는다.
4		이익	이 요소를 실행하는 미래의 이익을 적는다.
5		위험	이 요소를 실행하는 미래의 위험을 적는다.
6	가능한 성과		이점과 한계를 인지한 상태에서 가능한 성과를 브레인스토밍한다.
7	측정 가능한 성과		다른 것을 촉진하고, 현실적인, 큰 영향을 미칠, 사명감과 행동을 고취하는 사항을 고려하여 측정 가능한 성과를 ___까지(날짜) 완수한다.
8	구체적 행동들		위의 측정 가능한 성과를 달성하는 데 필요한 구체적인 행동 목록을 적고, 군집화 하여, 우선 순위를 정한다.
9	이미지/슬로건		행동계획에 동기를 부여하는 이미지나 슬로건을 만든다.
10	행동 일정표		일정표 위에 시간 구획을 나누고 그 위에 시간 구획에 따라 적합한 행동을 기입한다.
11	실행팀		행동계획 실행의 책임자를 정하고 이름을 적는다.
12	비용		행동계획을 실행하는 데 드는 비용(기간, 자금)을 적는다.

Part 7

청소년 퍼실리테이션 응용

1. 코칭

히딩크는 한국인들에게는 위대한 코치로 기억되고 있다. 히딩크가 있었기에 박지성이 탄생했고, 한국 축구가 세계로 발돋움 할 수 있었다.

코치의 중요성이 부각되면서, 한국의 스포츠계는 물론이고, 다른 여러 분야에서도 코치의 가치와 역할이 중요해지면서, 좋은 코치를 존경하고 모시려는 환경이 조성되기도 했다.

1) 코칭의 정의

코칭은 개인이나 집단을 현재 있는 지점에서 그들이 원하는 지점으로 갈 수 있도록 인도하는 기술이자 행위다. 코칭은 사람들이 자신의 비전을 확장하고 자신감을 갖고 잠재력과 기술을 개발하고 목표를 향해 실천적인 발걸음을 내디딜 수 있도록 돕는다.106)

코칭은 개인에게 강력한 동기를 부여하여 스스로 문제를 발견하고 해결하며, 행복한 미래를 설계하고 행동하도록 책임지고 지원해 주는 시스템이다.

코치는 코칭받는 사람의 옆에서 경청하고 관찰하며 지지하고 격려함으로써 코칭받는 사람 스스로가 문제를 해결하고 목표를 이루어 결국 챔피언이 되도록 돕는 사람이다.

코치는 모든 사람이 창조적이며 스스로 풍부한 자원을 소유하고 있다고 믿기 때문에 코칭받는 사람 스스로가 전략과 해결책을 찾도록 자극을 준다.

2) 코칭의 기본 철학

코칭에서는 기본적으로 '이 세상에 무능력한 사람은 없다'라는 원칙을 전제로 한다.

ICF(International Coach Federation)의 코칭 철학은 모든 사람은 창의적이고 스스로 해결할 수 있는 충분한 자원을 가지고 있으며 온전한 존재라고 믿는 것이다.107) 상호 협력 코칭의 전제는 다음과 같다.

① 모든 사람은 무한한 가능성이 있다.
② 그 사람에게 필요한 해답은 그 사람 내부에 있다.
③ 해답을 찾기 위해서는 파트너가 필요하다.

3) 코칭의 핵심 기술

경청

코칭에서 가장 중요한 기술은 경청이다. 물론 모든 상담의 기초 과정에서 첫 번째로 배우는 교훈이 '유능한 상담가는 경청한다'이다. 코칭도 마찬가지로 코칭 시작 단계에서 경청보다 중요한 것은 없을 뿐 아니라 경청은 모든 요소의 중심을 차지한다.

우리는 질문이나 충고를 할 때마다 우리가 대화를 이끌어 가는 것 같은 느낌, 즉 통제하고 있다는 느낌을 갖게 된다. 그러나 경청할 때 존중과 관심, 그리고 이해하려는 의지를 보여 줄 수 있다. 경청은 코칭 받는 사람에게 주는 선물이다.108)

경청의 기술 3단계

1단계는 자기중심적 경청(건성으로 듣기)으로, 듣고 싶은 것만 듣고 나머지를 간과하는 생략, 듣고 싶은 대로 듣는 왜곡, 개인의 특수성이 아니라 사회 전반적인 현상으로 보는 일반화가 있다.

2단계는 상대 중심적 경청(입으로 듣기)으로 자기중심적 듣기에서 발전하여 상대에게 집중하여 상대의 어조, 속도, 태도 등에 맞추며 반응하고 상호 교감하면서 경청하는 것이다. 이 경청의 방법으로는 눈맞추기 같은 자세와 동작으로 공감 만들기, 호흡 맞추기, 상대방의 말을 요약하기, 상대방의 말을 반복하기가 있다.

3단계는 직관적 경청(마음으로 듣기)으로, 직관적 경청이란 대화

중 직관적으로 상대의 진짜 감정과 의도를 듣는 것이다. 상대의 감정, 진짜 의도, 장점이나 탁월함, 비언어, 상대의 불일치, 패턴, 기회, 암시 등을 식별하고 듣는 것이다.

질문

경영학의 대가 피터 드러커는 '과거의 리더는 지시하는 사람이었지만, 미래의 리더는 질문하는 사람이다'라고 말한바 있다. 질문은 경영학에서 뿐 아니라, 우리의 일상생활에서도 생각을 자극해서 코칭 받는 사람이 자신에 대해 인식하고 발견할 수 있게 한다.

그러면 코칭에서의 좋은 질문은 어떤 질문일까?

코칭에서 강조하는 3가지 질문의 스킬은 확대 질문, 미래 질문, 긍정 질문이다. 이러한 질문은 참신한 생각을 자극하고, 새로운 통찰력으로 인도하며, 문제를 명확히 하고, 혁신적인 가능성들을 찾아내도록 도전한다. 강력한 질문은 코칭 받는 사람이 코치에게 말한 것과 코치가 적극적, 직관적 경청을 통해 들은 것에서 나온다. 질문이 좋은 이유는 코칭 받는 사람이 그 전에 생각해 보지 않았던 가능성을 탐색하게 만들고, 새로운 방식으로 문제를 재구성하거나 바라보게 하기 때문이다.

4) GROW 모델[109]

코치들은 대화 모델을 사용하여 코칭을 하는데 코치들이 사용하는 대화 모델은 여러 종류가 있다. GROW 모델은 많은 코치들이 활용하고 있는 대중적인 모델이다.

GROW모델

GROW 모델은 위의 그림에서 보는 것처럼 Goal(목표 설정), Reality (현실 점검), Option(대안 탐구), Will(실행의지 확인)의 머리글자를 딴 합성어이다.

이런 프로세스에 따라서 질문하면 성과를 잘 내고 성장(GROW)할 수 있다는 의미를 지니고 있다.

GROW 모델을 사용할 때 스마트(SMART) 기법을 함께 사용한다. 스마트(SMART) 기법은 구체성과 측정 가능성과 실행 가능성과 현실성 그리고 달성 시한성의 내용을 활용한 것이며 이를 구체적으로 나타내면[110] 다음과 같다.

S(Specific): 그 계획은 구체적인가?

M(Measurable): 그 계획은 측정 가능한가?

A(Actionable): 그 계획은 행동으로 실행 가능한가?

R(Realistic): 그 계획은 현실적인가?

T(Timely/ Timeline): 그 계획은 시의적절하고 시한이 정해져 있는가? 등이다.

5) 퍼실리테이션 코칭

퍼실리테이션은 코칭을 가능케 한다. 코칭은 개인이나 집단을 현재 있는 지점에서 그들이 원하는 지점으로 갈 수 있도록 인도하는 기술이자 행위다.

퍼실리테이션은 이미지 바꾸기, 창의대화 등의 도구를 활용하여 개인이나 집단을 원하는 목표로 인도하며, 사람들이 자신의 비전을 확장하고 자신감을 갖고 잠재력과 기술을 개발하고 목표를 향해 실천적인 발걸음을 내디딜 수 있도록 돕는다.

코칭의 기본 철학은 그 사람 안에 있는 무한한 가치를 믿는 데서 시작한다. 코치가 가르치려 하거나, 답을 주려고 노력하는 것이 아니라, 스스로가 답을 찾도록 도움을 주는 것이다. 이는 퍼실리테이션의 전제와 퍼실리테이터의 자세와 동일하다.

코칭에서 질문과 경청이 중요하듯 퍼실리테이션의 기본 스킬에는 질문과 경청이 있다. 퍼실리테이션 코칭 모델로는 공감대화, 이미지 바꾸기, 자기 강점 반영이 있다.

2. 멘토링

오프라 윈프리와 시인 마야 앤젤루, 마크 주커버그와 스티브 잡스, 마틴 루터 킹과 벤자민 메이스 박사, 플라톤과 소크라테스, 코난 도일과 조셉 벨 교수, 조용필과 드러머 김대환, 이소룡과 엽문, 김연아와 데이비드 윌슨 등 이들은 서로 어떤 관계인가?

1) 멘토링의 시대적 중요성

우리 시대의 멘토링은 절대적으로 중요하다. 학자들은 인류(人類)가 현재 직면하고 있는 가장 심각한 문제 중의 하나는 그 어느 때보다도 지도자의 리더십 부족, 특별히 영적 지도자들의 고갈시대에 살고 있는 것이라고 말한다.

과거에는 가정이나 농장 등 삶이 있는 곳이라면 어디서든 비교적 쉽게 멘토링이 이루어졌다고 할 수 있다. 청소년은 자신의 아버지와 어머니 그리고 대가족을 이루고 있는 가족들의 멘토링을 받았다. 그러므로 멘토링이라는 개념이 필요 없었을 것이다. 멘토링은 세대 간에 이루어지는 삶의 전수 방식이며, 한 사람을 기르고 가르치는 지도자의 중요한 준비 과정이었고 수업이었다.

멘토링은 인간 생존에 필요한 호흡처럼 중요한 것이면서도 인간의 삶 속에서 너무 자연스럽게 이루어진 중요한 인재 양육의 방법이었다. 한 사람을 가르치고 키우는 일은 세대 간에 이루어지는 삶의 방식이었다. 그런 가르침의 방법은 인간의 몸에 호흡이 필요한 것같이 인간관계에 필수적인 것이었다.

멘토링은 도제 관계를 맺고 있는 장인(匠人)들의 세계에서 가장 중요한 학습 방법이었다. 견습생은 수년에 걸쳐 숙련공 곁에서 단순히 관련된 기술은 물론이고 그 세계와 관련된 모든 '생활 방식'을 배웠다. 뿐만 아니라 고대 대학에서도 이와 유사한 방식으로 학문이 전달되었다. 학생은 학자의 집에 기거하며 배웠다.

과거와 달리 현대는 부모와 자녀 간의 대화 단절, 강의실 안에서만 만나는 교수와 학생, 수작업 대신 기계화로 인해 멘토링의 기능은 매우 약화되었다. 현재까지 개인적인 멘토링의 방법이 남아 있는 분야는 스포츠와 예술 계통 일부에 지나지 않는다.

대량 생산과 분업화를 풍미해오던 20세기의 경제 체계가 21세기에 진입하면서 다품종 소량 생산과 특성화라는 새로운 패러다임의 경제 체계로 변화되고 있다. 대량 생산의 필수 요소인 규격화와 표준화는 사회 전반에 걸쳐 큰 흐름이 되었고 우리 사람에게까지 영향력을 미쳐 몰개성화 또는 몰인격화로 나타났으며 규격과 표준에 부합되지 않는 것은 불량품화하였다.

교육 현장 역시 이와 같은 사회적인 패러다임 속에서 예외는 아니었다. 19세기까지만 해도 가정 교육이나 서당 교육 등 교육 현장은 관계와 관계 사이에서 이어져 내려오는 인격적 감화와 영향력이 사회적으로 일반화되어 있었다. 그러나 20세기 이후 학교라는 제도적인 교육은 공장에서 대량 생산되는 물품처럼 인격적인 영향력이 배제된 채 규격화되고 경쟁적인 모습으로 이어졌다.

산업화가 진전할수록 개인주의는 강화되었고, 공동체가 해체되면서 개인과 개인 사이에 단절된 틈을 타 부도덕성이 밀려들어 왔다. 범죄는 갈수록 흉포화·지능화되고 가정과 학교에서의 폭력과 불화도 세계적인 추세이다. 선진국일수록 개인주의가 극에 달하여 안으로부터 곪아 터져 버려서 중병을 앓고 있는 것이 현실이다.

결국, 사람들은 인간관계 회복의 필요성을 절감하게 되었고, 관계 중심의 양육 방법인 멘토링이 대안으로 등장하면서 큰 호응을 얻고 있다. 그래서 미래학자들은 21세기를 인간관계의 시대, 즉 멘토링의 시대라고 부른다.[111)]

2) 멘토링의 개념

멘토링은 원래 풍부한 경험과 지혜를 겸비한 사람이 1:1로 지도와 조언을 하면서 실력과 잠재력을 키우는 것이다. 일종의 도제(徒弟)로 서양의 중세에 일정한 수준의 전문직 기능을 가진 스승 밑에서 그 분야의 지식과 기술을 전수받기 위하여 다른 사람의 보호와 지도 아래 있는 것을 말한다.

밥빌(Bobb Biehl) 박사는 그의 책 『멘토링』(Mentoring)에서 '멘

토링'을 "당신이 좋아하고 신뢰하며, 함께 있기를 즐기며, 당신이 인생에서 승리하기를 소망하는 그 누군가와 관계를 맺는 것이다"라고 정의하였다.112)

오늘날 새로운 멘토링 패러다임은 멘티들이 조직에 혁신적으로 공헌하도록 다양성, 창조성, 아이디어, 열정, 독창성 등을 발휘할 수 있도록 힘을 불어넣어 줄 뿐만 아니라 멘토가 이미 삶 전체를 통하여 체득한 것을 통하여 멘티를 세우는 전통적인 개념을 포함한다. 이러한 것은 멘티를 좀 더 자립적이게 만들고 조직이 침체에 빠지는 것을 막는다.

3) 멘토링의 역사적 기원

최근 관심을 끌고 있는 멘토링은 오랜 역사를 지닌 개념이다. 멘토링의 기원은 고대 그리스 신화로부터 출발한다.

멘토는 B.C. 8세기의 그리스의 시인 호머(Homer)의 서사시 '오디세이아'(Odysseia)에 등장하는 인물로서 B.C. 1,200년경 고대 이타가 왕국의 왕 오디세우스가 트로이 전쟁에 출전하고 없는 동안 그의 아들 텔레마쿠스(Telemacus)를 맡아서 보호하고 가르쳤던 보호자이며 가정 교사였다.

장군이며 왕이었던 오디세우스의 친구인 멘토는 오디세우스가 트로이 전쟁으로 오랫동안 집을 비운 사이에 친구의 아들을 맡아 키운다.

이때 멘토는 오디세우스의 아들에게 일반 교육뿐만 아니라 그가 왕자로서 필요한 자질을 갖추는 데 필요한 소양 교육까지도 책임을 지게 된다. 멘토는 대화식으로 교육을 실시하였으며 함께 사색했다.

멘토는 텔레마쿠스의 상상력을 최대한 동원하기 위해서 열렬한 토론을 벌였다. 멘토는 주로 질문자였고 텔레마쿠스는 대답하는 사람이었다. 멘토는 텔레마쿠스를 대할 때 동료처럼 대하여 거리를 좁혔다. 멘토는 제자가 대답을 못할 때는 그냥 건너뛰었으며, 가까운 사물을 예로 들어 설명하기를 좋아했다. 멘토는 논리학, 철학, 수학 등의 영역에서 텔레마쿠스를 키웠다.

멘토는 텔레마쿠스를 아버지 못지않은 훌륭한 인물로 키워놓았다. 그 때부터 멘토(mentor)라는 이름은 '훌륭한 스승'이란 뜻으로 쓰이게 되었고 멘토가 텔레마쿠스에게 교육한 모습을 멘토링(mentoring)이라고 불리게 되었다.

'멘토'는 지혜 있는 노인이나, 혹은 사람들을 인도하는 목자를 나타내는 말로 당시의 실생활에 사용되었던 용어였다.

이러한 멘토와 텔레마쿠스의 이야기를 처음으로 사용한 사람은 17세기 프랑스의 페넬롱(Fenelon)이었다. 그는 멘토로서 프랑스 루이 14세의 손자 루이스(Louis)를 지도하였으며, 1699년에는 텔레마쿠스에 대한 책, 『텔레마쿠스의 모험』을 써서 널리 알린 인물로 오늘날 우리가 연구하고, 활용하고 있는 멘토링을 전해 준 최초의 인물이다. 이로써 멘토는 지혜와 신뢰로써 한 사람의 인생을 이끌어 주는 지도자(leader)의 동의어로 사용되는 계기가 되었다.[113]

4) 멘토링 형태

멘토링의 형태는 4가지 정도로 나누어진다.114) 단기 멘토링, 수동적 멘토링, 간헐적 멘토링, 계획적 멘토링으로 나눌 수 있다.

단기 멘토링은 멘토와 멘티가 일정 기간 동안만 멘토링의 관계를 맺기로 하고 그 기간 동안 집중적으로 멘토링하고 그 기간이 지난 후에도 멘토는 평생토록 멘티에게 유익을 끼치는 관계로 남는 것이다.

수동적 멘토링은 멘티가 자신이 직접 만난 적은 없지만 영웅이나 역할의 본보기가 되는 사람, 즉 멘토의 가치관 또는 행동을 본받으려 할 때 일어난다. 이때 멘티에게는 배움이 일어나고 있지만, 멘토는 그 사실을 전혀 모를 수도 있다.

간헐적 멘토링은 교사, 카운슬러, 개인 교하, 후원자 등과의 관계에서 일어난다. 여기서는 주로 멘토 쪽에서 의도적으로 가르침을 주지만, 멘티는 그것을 항상 인정하는 것은 아니다.

계획적 멘토링은 부모와 자녀, 영적 지도자와 지도를 받는 자들, 코치와 선수 사이에서 볼 수 있다.

멘토링의 형태는 정형화 된 것은 아니다. 위에서처럼 단기적인 멘토링 관계를 더 선호하는 사람도 있고 반면에 평생에 걸쳐 멘티의 성장을 기다리고 성공하는 모습을 바라보기 원하는 멘토링의 관계를 선호하는 사람도 있다.

5) 멘토의 자격

오늘날 우리는 멘토를 일반적으로 현명하고 믿을만한 충고자로 정의한다. 멘토는 '상대보다 경험이나 연륜이 많은 사람으로서 상대방의 잠재력을 볼 줄 알며, 그가 자신의 분야에서 꿈과 비전을 이루도록 도움을 주며, 때로는 도전도 줄 수 있는 사람'이다. 그러면 누가 멘토가 될 수 있는가? 멘토의 자격은 무엇인가?115)

① 멘토는 멘티를 하나의 진정한 인격으로 대하는 사람이어야 한다.

② 멘토는 평소의 삶이 긍정적 자세인 사람이며, 마음이 열린 사람이어야 한다.

③ 멘토는 멘티가 지닌 적성을 볼 수 있는 사람이어야 한다. 멘토는 멘티의 장점을 극대화시키며 단점을 극소화시킬 수 있는 안목이 있어야 한다.

④ 멘토는 의사소통에 능한 사람이어야 한다.

6) 멘토의 능력과 역할116)

① 멘토는 일상적인 삶 속에서 일어나는 사건들의 의미를 분별하는 능력이 있어야 한다.

② 멘토는 멘티가 개인적으로 필요한 것을 가지고 있어야 한다. 멘토는 관계를 통해 멘티가 성장할 수 있도록 도우며, 어려움에 대해

극복할 수 있는 방법과 방향을 재시해 줄 수 있는 능력이 있는 사람이어야 한다.

③ 멘토는 관계를 이끌어 가야 한다. 멘토는 멘티의 능력을 분석, 파악하고, 그가 필요로 하는 것이 무엇인가를 알고 멘티의 성장을 위해 관계를 조정해 나가야 한다.

④ 멘토는 멘티의 성장과 계발에 진정으로 관심을 가진 사람이어야 한다. 멘토는 멘티가 지니고 있는 잠재력을 발견할 수 있는 분석력과 멘티가 소유하고 있는 잠재력을 계발시켜 성장하도록 하는 일에 관심을 가진 사람이어야 한다.

⑤ 멘토는 개인적인 관계와 지도를 위해 시간과 감정적 에너지를 기꺼이 헌신하려는 사람이어야 한다.

⑥ 멘토는 자신의 영역에서 어떤 영향력을 가진 사람이며 타인에게 영향력을 끼칠 수 있는 사람이어야 한다.

7) 퍼실리테이션 멘토링

퍼실리테이션은 정형화되지 않은 멘토링에 좋은 방법론이라 할 수 있다. 위에서 멘토의 자격이 있는 사람을 언급하였는데, 멘토는 멘티를 하나의 진정한 인격으로 대하는 사람, 평소의 삶이 긍정적 자세인 사람이며, 마음이 열린 사람, 멘티가 지닌 적성을 볼 수 있는 사람, 의사소통에 능한 사람이어야 한다.

퍼실리테이터는 공감의 자세 즉 개개인의 인격을 존중하는 정신에 토대를 두고 있고, 타인을 신뢰하고 수용하는 태도를 가지며, 참여자들의 지혜와 잠재력을 믿음으로 원활한 인간관계를 맺게 하고 유지하게 한다. 이는 멘토링에서 말하는 멘토의 자격을 충족시킴을 볼 수 있다.

뿐만 아니라 멘토링을 하는데 있어 퍼실리테이션은 다양한 방법론을 제공한다. 이미지 바꾸기, 공감대화, 실행계획, 창의대화 등은 멘토링에 있어 유용하게 활용할 수 있는 방법론이다.

이 방법들은 개인적으로 상황에 따라 절차를 바꿔 사용해도 된다. 예를 들면 공감대화에서 '사실 확인-반응-이해-결심'의 절차를 '사실 확인-이해-반응-결심', '반응-사실 확인-이해-결심' 등으로 사용한다.

3. 리더십

포춘지가 선정한 '올해 세계에서 가장 위대한 리더'에는 아마존의 CEO 제프 베조스, 앙겔라 메르켈 독일 총리, 프란치스코 교황 같은 널리 알려진 인물이 있는가 하면, 미시간 주 플린트 Flint의 식수 위기를 발견한 연구팀의 지도 교수부터, 정치 인생을 걸고 오염에 맞서 싸운 뉴델리의 공무원, 작은 마을에 중동 이주민들을 받아들인 이탈리아 시장처럼, 이름이 알려지지 않은 인물들도 상당수 포함되어 있었다.

이들은 지역 경제를 발전시키고 미래 전망을 밝게 한 지도자들이다. 예나 지금이나 한 집단이나 국가에 리더가 끼치는 영향력은 지대하다.

1) 리더십의 정의

리더십에 관한 용어는 제1차 세계 대전 초기에 미국 심리학 연구에서 리더십에 관한 용어가 정리되기 시작했다. 제1차 세계 대전 이후에 산업이 크게 발달하였고, 기업의 대규모화와 복잡화, 그리고 정치 제도의 발전으로 인해 사회가 매우 불안정했다. 불안정한 사회를 극복하기 위해 사람들은 리더가 필요했고 이에 따라 연구자들에 의해 리더십을 다양한 방면으로 연구하기 시작하였고 발전되었다.[117]

Stogdill(1974)은 리더십 문헌을 광범위하게 조사한 후에 '리더십에 관한 정의는 리더십 연구를 실시한 사람의 수만큼 복잡하고 다양하다'고 주장하였다.[118]

리더십은 적절한 대인 관계 기술과 방법을 사용해서 개인이나 집단을 과제와 목적 달성을 하도록 인도하고 고무시켜 나가는 것을 의미한다. 영어의 리더십이란 말은 약 200년 전부터 사용되기 시작한 것으로 알려져 있으나 리더(Leader)라는 어휘는 서기 1300년경부터 문헌에 등장하는 것으로 나타났다.

리더십이란 목표 지향성, 사람들 간의 영향력, 상호교류, 힘, 자발성, 영향력 행사과정 등과 관련된다. 즉, 바람직한 목표(goals and objectives) 달성을 위해 개인이나 집단의 행동을 안내하고 영향

을 미치는 과정이다.119)

2) 리더십에 대한 연구의 변천 과정

리더십에 대한 연구의 변천 과정은 리더십의 정의가 다양한 이유를 잘 설명하고 있다.

1950년 이전의 연구는 리더의 특성을 계량적으로 측정하고 그러한 특성과 지도자의 성공 여부의 관계를 규명하는 것으로서 모든 사람이 리더가 될 수 있는 특성을 가진 것이 아니라 리더로서의 특성을 가진 사람만이 잠재적인 리더가 될 수 있음을 증명하는 데 연구의 초점을 맞추고 있다.120)

1950년대에서 1969년까지의 연구는 행동주의적 리더십 이론으로 '리더는 무엇을 하는가?'에 관해 논의함으로서 리더의 행동과 유효성에 초점을 맞추고 있다. 이 시기에는 단순한 행동론에서 벗어나서 리더십을 리더의 개성, 리더십 형태, 부하들의 개성, 환경을 둘러싼 상황들의 복합적인 기능으로 파악하려는 상황 리더십 이론이 등장하게 되었다.121)

특정한 상황에서는 리더의 어떤 특성이나 행동이 부하의 성과나 만족에 영향을 줄 수 있지만 다른 상황에서는 효과가 없다는 것을 주장하고 있다.

1970년대에 들어와 리더십은 개인적 특성에 따라 리더와 비리더를 구별하는 특성 이론과, 리더십의 가장 중요한 측면은 리더의 특성이 아니라 리더가 여러 상황에서 실제로 하는 행위가 가장 효과적인 것에 주안점을 두는 리더의 행동 이론, 그리고 리더의 성과는 리더의 스타일뿐만 아니라 환경 상황에 의해서 결정된다는 상황이론 등이 각각 전개되었다.122)

1980년대 이후부터 불확실한 기업 환경이 증가하고 기업의 창의성과 독창성이 중시되면서 기존의 권위주의적이고 과업 중심적이며 상사 중심적인 통제 방식에서 벗어난 참신한 개념의 리더십 스타일이 필요하게 되었다. 이 시대에는 민주적이며, 인간관계 지향적이고, 자율과 권한의 이양 및 부하 중심적인 환경 등이 요구됨에 따라서 거래적 리더십과 변혁적 리더십이란 개념이 정립되었고 이런 개념은 상사에 따라 비전적 리더십, 영감적 리더십, 카리스마적 리더십, 문화적 리더십 등 다양한 명칭으로 제시되었다.123)

이와 같이 시대의 변천 과정에서 리더는 변화하는 것에 대한 대처에 있어서 조직 구성원들에게 신뢰를 주고, 미래를 전망하도록 하며, 현재의 도전에 대한 리더십을 효과적으로 발휘해야 한다. 따라서 리더는 스스로 자신에게 맞는 리더십을 개발하여야 하며, 개발된 리더십이나 리더십 유형을 상황에 적합하게 활용할 수 있어야 한다.

3) 리더십의 유형

변혁적 리더십

변혁적 리더십 이론은 부하 직원들로 하여금 더 넓은 목적을 추구하게 하고, 그들의 관심을 넓힘으로써 자신들의 이해관계를 집단의 이해관계에 종속시키게 하는 것이다. 변혁적 리더십은 부하의 단순한 순종 이상의 것을 바탕으로 한다. 즉, 부하의 가치와 욕구, 믿음에 있어 변화를 수반하는 것이다.

변혁적 리더는 조직의 구성원들이 조직의 결과에 대한 문제점들에 대하여 보다 큰 인식을 지니도록 하기 위하여 동료, 부하, 고객들을 규합하고 고무시키는 역할을 시도한다.124)

또한 변혁적 리더는 부하들의 고무적 인식을 향상시키기 위하여 강한 자신감을 소유하고, 명확한 비전을 제시할 수 있어야 하며, 자신의 견해가 옳고 정당하다는 결단력을 부하들에게 증명할 수 있는 잠재적인 힘을 지니고 있어야 한다.

따라서 변혁적 리더십은 리더에 대한 부하들의 확고한 믿음이나 신념을 유발시키고, 리더가 부하들에게 확실한 목표를 설정해 주고 모범을 보이며, 부하들의 요구에 대한 세심한 배려와 적절한 자극을 통해 조직 및 구성원들의 성과 만족도를 제고할 수 있는 방향으로 이끌 수 있는 리더십을 뜻한다.125)

거래적 리더십

거래적 리더십이란 상황에 따른 보상에 기초하여 부하에게 영향력을 행사하는 과정으로 리더가 행동, 보상, 인센티브를 사용해 직원들로부터 바람직한 행동을 하도록 만드는 과정이다. 이 과정은 리더와 직원들 간의 교환이나 거래 관계에 기초한다. 즉 거래적 리더십이란 변혁적 리더십에 반대되는 전통적 리더십을 통칭하여 사용된 용어이다.

거래적 리더십은 리더에 대한 복종의 대가로 부하가 리더로부터 신임이나 보수를 얻는 것과 같은 리더와 부하 간의 교환적 관계에 그 토대를 두고 있고, 리더와 부하 간에는 부하의 순응의 대가에 따른 보상을 주는 등의 묵시적인 계약 관계가 존재하며, 상황적 보상이나 긍정적·부정적인 피드백을 통해 단순히 요구된 수행을 이끈다.[126]

서번트 리더십

서번트 리더십은 서로 상반된 개념으로 인식이 되었던 서번트와 리더가 합쳐진 것으로 리더가 부하의 발전을 도와서 팀워크와 공동체를 형성하는 리더십이다.

사전적 의미로 서번트 리더십을 직역하면 하인의 리더십이지만 섬기는 리더십으로 국내에서는 더 많이 알려져 있으며, 미국 학자 Robert Greenleaf가 1970년대 처음 주창한 서번트 리더십 이론은 '다른 사람의 요구에 귀를 기울이는 하인이 결국은 모두를 이끄는 리더가 된다.'는 것이 핵심적인 이론이다. 즉 서번트 리더십은 인성 리더십으로, 인간 존중을 바탕으로 하여 조직에서 구성원들이 잠재력을 발휘할 수 있도록 앞에서 이끌어 주는 리더십이라 할 수 있을 것이다.[127]

4) 퍼실리테이션 리더십

퍼실리테이션 리더십은 보편적 리더십의 연속선상에 있다. 퍼실리테이션 리더십의 힘은 다양한 관점에서 나온다는 것을 전제로 하며, 협력적 도구와 방법들을 사용하며, 의사 결정에 대한 주인의식을 가지게 하며 각 상황에서의 집단 경험에 의존한다.

퍼실리테이터들은 비전 개발에 사람들을 참여하게 하여 상호 작용을 통해 비전을 설정하고, 비전에 대한 헌신을 하게 한다. 또한 목표를 가능케 하는 프로세스에 집중하여 비전과 실행계획을 개발하도록 지원하고 참여자들의 역량을 믿고 그들이 일을 하도록 지원한다.

4. 갈등 관리

오늘날은 갈등의 시대이다. 우리나라 미디어는 분란으로 가득하다. 국제적으로는 강대국 간의 갈등, 강대국과 약소국 간의 갈등, 국가적으로는 오랜 세월 누적되어온 남북 갈등, 폭발직전 혹은 여기저기서 폭발하고 있는 노사 갈등, 가정에서의 갈등, 학교에서의 갈등 등 우리나라는 갈등 천국이다.

갈등은 어느 시대나 있어 왔고, 앞으로도 계속 있을 것이다. 문제는 어떻게 갈등을 해결하면서 상황을 발전시켜나갈 것인가 하는 것이다.

1) 갈등의 개념

갈등이란 용어는 문화, 경제, 사회, 정치 등 여러 분야에서 다양한

의미로 해석되고 있다. 갈등이 발생하는 상황은 매우 복잡하고 다양
하기 때문에 갈등에 대한 정의 또한 여러 가지로 규정하고 있다.

갈등의 어원을 살펴보면, 갈등(conflict)이란 라틴어의 'configere'
에서 나온 말로 '상대가 서로 맞선다'라는 뜻을 가지고 있다. 갈등은
의견이 맞서는 상대가 있고 그들끼리 대립하고 충돌하는 것을 의미한
다. 갈등은 갈등과 관련된 당사자들이 목적을 추구하여 가는데 다른
사람이 들어서서 방해하면 그의 목적달성이 좌절된다. 이 방해 행동
을 하는 과정을 갈등이라고 한다.

그런가 하면 어떤 사람 A(혹은 집단)가 다른 사람 B(혹은 집단)와
의 상호 작용이나 활동으로 상대적 손실을 지각한 결과 다툼이나 적
대감이 발생하는 상황을 말하기도 한다. 또한 개인이나 집단의 기대
나 목표 지향적 행위가 타인이나 타 집단에 의해 좌절되거나 차단되
는 상황을 갈등상태라고 정의한다.[128]

2) 갈등의 기능

갈등은 다차원적인 성격을 지니고 있다. 조직 내에서의 갈등이 전
혀 발생하지 않을 경우, 조직의 비효율성을 인식하지 못할 수도 있다
는 점에서 적당한 수준의 갈등이 필요하다는 것을 강조하고 있다. 그
러므로 갈등에 대한 관점을 크게 세 가지로 분류해 보았다.[129]

① 전통적 관점(traditional view) - 갈등은 예로부터 조직 내에서

파괴와 비능률을 부른다고 보고 가능한 이를 회피하는 것이 좋으며 이미 생긴 갈등은 제거되어야 하고 관리를 잘해야 한다.

② 행동적 관점(behavioral view) - 갈등은 조직 내에서 관리 능력의 부족으로 발생하는 것이 아니라 자연 발생적인 것으로 불가피한 산물이며 조직의 필요악이라고 본다.

③ 상호 작용적 관점(interactional view) - 갈등은 그간의 통념과는 다르게 조직 내에서 긍정적인 잠재력을 지니고 있으며, 또 적절한 갈등은 조직이 효과적으로 운용되기 위해 필요하며 활력소가 될 수 있다.

갈등이 조직에 미치는 순기능과 역기능을 자세히 살펴보면 다음과 같다.

갈등의 긍정적 기능

조직 간의 적당한 갈등은 집단 환경에서의 적응이나 기술 혁신 수단으로 사용되어 문제 해결에 도움을 준다면 조직에서의 갈등은 필요한 요인이 될 것이다.

갈등은 어떤 조직에서나 현실적으로 전혀 없을 수 없는 것이며, 오히려 어느 정도의 갈등은 집단의 형성 및 집단 활동의 유지를 위해 필요한 현상이라고 보는 입장이다. 순기능적 입장에서 갈등은 조직 구성원들 간에 부정 정서를 야기할 수 있는 반면, 조직 구성원 자신들의 취약한 면을 인식하도록 하고, 이를 보완하고 개선할 수 있도록 작용한다고 이야기한다.130)

갈등의 부정적 기능

갈등은 일상생활에서 부정적인 개념으로서 조직에서 불만과 혼란을 일으켜 분쟁의 원인으로 인식되고 있다. 갈등에 대한 역기능적 입장은 갈등은 조직에 해로운 것이라는 관점에서 그것의 원인 규명과 해결 방안을 탐구하고자 하는 입장을 말한다.

갈등의 역기능을 주장하는 학자들은 갈등을 일종의 악이나 사회적인 기교의 부족 현상으로 보고 갈등은 무조건 제거되어야 한다는 입장을 취하고 있다.

이 밖에도 갈등은 조직에 파괴적 결과를 유발해 욕구불만으로 이어지고, 이로 인해 조직 구성원의 활동적 결속을 와해시켜 신뢰감을 무너뜨리며, 스트레스의 원인이 되어 심리적, 생리적 증상에 영향을 미친다.

또한 집단을 파괴시켜 의사소통을 지연케 할 뿐만 아니라 내부적 문제에만 집착하게 하여 환경과의 관계를 무시하게 되고, 조직의 응집성을 저하시켜 조직의 목표달성보다 투쟁을 더 중요시하게 된다는 주장도 있다.[131]

3) 갈등의 유형

갈등은 무엇을 기준으로 어떻게 구분하는가에 따라 학자들의 견해가 다양하다. 집단 내에서 발생하는 과업과 관련하여 과업 갈등, 과업과 무관하게 대인 간에 발생하는 관계 갈등으로 구별할 수 있다.

과업 갈등

집단 내에서 발생하는 과업 갈등이란 조직 구성원들 간에 수행하는 과업과 관련한 의견이나 관점의 불일치를 의미한다. 과업 갈등은 복잡한 집단의 다양한 여러 가지 의견과 문제 해결의 대안을 제시한다는 점에서 기업의 목표를 증가시킬 수 있다.[132]

또한 집단에서 과업과 관련된 갈등이 발생할 경우 과업에 대한 의견 불일치로 의사 결정에 있어 다양한 각도에서 바라보고, 효과적이고 건설적인 결과로 조직의 성과를 높일 수 있다. 그러나 관계 갈등과 마찬가지로 감정적 차원과 정서적인 측면은 감소시킬 수 있다.

관계 갈등

관계 갈등은 과업과는 무관한 개인적인 원한 관계나 조직 내 다른 사람과의 관계에서 나타나는 갈등으로, 불화를 의미하고 적대행위를 포함하는 것이다. 관계 갈등은 과업 갈등과는 다르게 업무와 관련된 불일치가 아니라 상대방과의 개인적인 특성에 따라 발생하는 것을 말한다.[133]

4) 갈등의 원인

오늘날의 다양하고 복잡한 조직 사회에서는 조직 내 대인 간 갈등을 초래하는 원인도 다양하기 때문에 효율적인 조직 업무 관리를 위해 많은 학자들의 연구가 지속되고 있다.

Robbins(1983)는 갈등의 요인을 크게 커뮤니케이션 차원, 구조적 차원, 개인적인 차원으로 나눈다.

커뮤니케이션 차원은 '언어상의 차이, 정보의 불충분한 교환, 채널 상의 잡음'이고, 구조적 차원은 '권력의 차이, 작업 흐름이 상이한 과업 의존성, 목표와 보상의 분권화, 전문화 자원의 공유, 역할 갈등, 신용의 모호성과 비난'이며, 개인 행위 차원은 '퍼스낼리티 속성, 역할 불만족, 목표의 차이'로 제시하고 있다.134)

5) 갈등 관리의 개념

갈등 관리(conflict management)란 갈등이 수용의 한계를 벗어날 정도로 악화 내지는 확대 되는 것을 막고 갈등이 유리한 결과를 실현하는 데에 도움을 주는 구조나 조건을 마련함으로써 갈등 해소를 용이하게 해 주는 과정이라고 할 수 있다.135)

갈등은 관련 당사자들뿐만 아니라 주위 환경에도 영향력을 미칠 수 있기 때문에 갈등 관리의 주된 관심은 갈등의 이로운 영향력을 증대시키고 해로운 영향력을 감소시키는 것이다. 갈등의 진행 단계에 따른 순기능적 측면과 역기능적 측면을 고려하여 적정한 해소와 완화 전략을 결정하는 것이 중요하다.

갈등은 어느 조직에서나 발생하는 현상이며 조직의 성과에 긍정 또는 부정적 영향을 미칠 수 있기 때문에 갈등 관리는 조직이나 집단의 생존을 위하여 매우 필요하다. 갈등을 관리한다는 것은 갈등으로부터 발생하는 가치와 순기능을 증대시키고 비용과 불만족 또는 역기능을 감소시키는 데 있다고 볼 수 있다.

6) 갈등 관리 유형

강요

강요하는 스타일은 단정적이고 위협적인 행동이다. 이런 유형의 갈등 관리는 지도자와 주민 간 갈등에서 많이 나타나는 유형으로 의견의 조율이 잘되지 않는 경우 권위나 전문 지식을 활용하여 문제를 빠르게 해결하고자 한다. 이 갈등 유형은 갈등 당사자 간의 의견 교환이 이루어지지 않았기 때문에 좋지 않은 결과를 낳는 경우가 많다.[136]

회피

회피는 갈등 상황에 있어 갈등 관리를 회피하거나 적극적으로 해결하려고 하지 않는 유형이다. 이 갈등 유형은 갈등에 관하여 관심이 없거나 중립적인 의견을 지니고 있을 때 많이 사용되는 유형이다.

이 갈등 유형은 갈등의 문제 해결이 되지 않고 계속 유보되기 때문에 차후 갈등이 더욱 증폭될 가능성이 크며 갈등 당사자들 간에 만족할 만한 의견을 얻기 어렵다. 갈등 회피는 한계가 있고 순간적인 갈등 모면에 불과하며 갈등이 제거되지 않는다.[137]

타협

타협은 바르게 합의점에 도달할 수 있는 갈등 관리 유형이다. 이

유형은 갈등 당사자 간의 양보를 통하여 서로가 동의할 만한 합의점을 도출하는 과정을 거친다. 타협은 갈등 해결 시 가장 많이 활용되는 갈등 유형이며 타협을 통해 중간 정도의 만족을 얻는 경우가 많다.138)

통합

통합은 갈등으로 인한 결과를 극대화하기 위해 갈등 양측의 최대 만족을 끌어내고자 한다. 이를 위해 통합적 갈등 관리의 유형은 갈등 상황에서 상대방이 독립적이고 평등하다고 생각하며 모든 사람의 의견을 수용하고자 하는 자세를 지닌다. 이 갈등 유형의 경우 모두가 수용할 만한 갈등 해결 수용 안을 만들기 위해서는 무척 긴 시간이 소요된다는 단점이 있다.139)

양보

양보는 갈등 쌍방에 있어 갈등 당사자 한쪽이 자신의 의사는 포기하고 다른 쪽의 의사를 모두 수용하는 갈등 관리 유형이다. 이 유형은 자신의 욕구를 만족시키는 데는 소극적이지만 상대방의 욕구를 만족시키는 데는 적극적이다. 이러한 행위는 갈등 해소를 위한 일시적인 행위일 뿐 갈등 자체가 해소 되지는 않는다.140)

7) 퍼실리테이션 갈등 관리

퍼실리테이션의 갈등 관리 이론은 정책 결정 과정에 참여하는 이해관계자들 간의 참여, 의사소통, 합의 및 조정을 통해 상호간에 얽힌 갈등을 최소화하는 합리성 이론을 기반으로 한다.

'대안적 분쟁해결제도'(ADR: Alternative Dispute Resolution)는 퍼실리테이션이 취하는 갈등 관리의 방식이다.

이 제도는 소송 절차에 의해 판결하지 않고 이해 당사자 간 자율적 참여로 자신들의 분쟁을 자체적으로 해결함으로써 쌍방 모두가 승리하는 승-승(win-win)의 결과를 목표로 한다.

퍼실리테이션 갈등 관리의 유형으로는 타협과 통합의 유형으로 분류한다. 타협은 갈등 당사자 간의 양보를 통하여 서로가 동의할 만한 합의점을 도출하는 과정이며, 통합은 갈등 상황에서 상대방이 독립적이고 평등하다고 생각하며 모든 사람의 의견을 수용하여 모두가 수용할 만한 대안을 만든다.

퍼실리테이션 갈등 관리 도구로는 공감대화와 이미지 바꾸기와 태도 변화 등이 있다. 태도 변화 모델은 공감대화와 이미지 바꾸기의 결합으로 만들어진 모델이다.

태도변화 모델 프로세스[141]

	상황(사실 확인)	
1	상황에 대한 나의 반응	상황에 대한 상대방의 반응
2	해결을 방해하는 나의 신념 전제	해결을 방해하는 상대의 신념 전제
3	나 중심의 해결 (win-lose)	상대 중심의 해결 (lose-win)
4	서로 유익한 결과(win-win)	
5	상황을 변화시키기 위한 나의 결단과 행동은?	

Part 8

청소년 퍼실리테이터 역량

"담을 것은 많은데 광주리가 작다."　　　-한국 속담-

해야 할 일은 많은데 그것을 감당할 만한 여러 가지 준비나 역량
이 부족함을 비유적으로 이르는 말이다.

고 김우중 회장의 말처럼 세상은 넓고 할 일은 많다. 세상은 역량
이 있는 사람을 필요로 한다.

퍼실리테이션은 우리 사회에 계속해서 확장되고 있다. 청소년 퍼
실리테이션 또한 청소년들의 인성, 학교 자치, 민주 시민을 길러내는

일을 감당해야 하는 시대적 부름 앞에 서 있다.

1. 청소년 퍼실리테이터의 역할

퍼실리테이터는 구속하거나 지배하지 않으면서 리더십을 발휘하는 것이다. 퍼실리테이터의 활동 목적은 자신을 중요해 보이도록 하는 것이 아니라 집단의 성공을 이끄는 것이다. 효과적인 퍼실리테이터는 그들이 스스로 해냈다고 느끼도록 만들어 주는 사람이다.

퍼실리테이터는 구성원이 업무를 성공적으로 완수할 수 있도록 도우며 주어진 과업을 달성하고 또 서로 협조할 수 있는 방법과 절차를 제공하는 사람이다. 주어진 상황에 따라 이 두 가지 측면 중 어느 한 가지를 더 강조할 수 있지만, 퍼실리테이터는 구성원들이 궁극적으로 이 두 가지 모두를 얻을 수 있도록 돕는 사람이다. 퍼실리테이터는 구성원이 일을 처리하는 방법과 동료를 대하는 방법 사이에서 균형을 유지하도록 만드는 사람이기도 하다.

오우식(2018)은 토마스의 퍼실리테이터 교육의 4가지 측면 즉 정책, 태도, 이론, 도구 등의 큰 틀 안에서 퍼실리테이터의 역할을 설명한다. 첫째, 수평적 관계를 중시하는 조력자 둘째, 합의를 기반으로 문제를 해결하는 마술사 셋째, 쌍방형 소통을 지원하는 촉진자 넷째, 중립성과 균형성을 추구하는 조율가 다섯째, 권한과 책임 한계가 분

명한 전문가의 5가지 역할을 주장하고 있다.[142]

퍼실리테이터 역할의 중요도는 Clawson과 Bostrom(1996)에 의해 도출되었다. 16개의 역할로 범주화 하고 중요성을 도출하여 순위를 부여한 그 내용은 아래와 같다.[143]

① 회의 기획 및 설계
② 정보 경청, 명료화, 통합
③ 집단 결과 관리
④ 긍정적 참여적 환경 조성
⑤ 융통성 발휘
⑥ 적절한 기술 선택과 준비
⑦ 회의 진행
⑧ 적절한 질문 개발
⑨ 오너십 촉진 및 그룹 간 책임 부여
⑩ 래포와 관계성 구축
⑪ 자아 인식 및 자기표현 촉진
⑫ 갈등과 부정적 감정 관리
⑬ 다양한 관점 격려 및 지원
⑭ 기술과 그 기능 이해
⑮ 편리한 기술 개발 및 기술 이해
⑯ 집단에게 정보 제공

한편, 퍼실리테이터 역할에 따라 목적이 조금씩 다르다. 우선 퍼실리테이터는 집단의 효과성을 향상시키도록 돕는 것이다. 퍼실리테이터형 컨설턴트 목적은 전문 지식을 상황에 맞게 제공해 줌으로써 집단이 의사 결정을 하도록 돕는 것이다.

퍼실리테이터형 코치 목적은 개인의 행동과 사고에 대해 성찰하도록 하여 목표에 도달할 수 있도록 돕는 것이다. 퍼실리테이터형 훈련가는 실제 문제에 적용할 수 있는 지식과 기술을 개발하도록 돕는 것이다.

퍼실리테이터형 리더는 전문 지식을 제공하면서 프로세스와 구조에 대해 진단하고 조치함으로써 효과성을 증진하도록 돕는 데 목적이 있다.[144]

Kolb와 그의 동료들(2008)은 숙련된 퍼실리테이터들을 대상으로 퍼실리테이터의 역할에 대한 자료 수집을 통해 퍼실리테이터 역량 모델을 만들었는데, 퍼실리테이터가 갖추어야 할 역량을 커뮤니케이션, 과제, 관계/분위기, 조직화, 윤리성 등 다섯 가지로 구분하였다.

먼저 커뮤니케이션 영역에는 적극적으로 경청하고, 비언어적 신호들을 감지하고, 능숙하게 질문하는 역량이 포함되며, 과제 영역에는 그룹이 목적을 달성할 수 있도록 돕는 토의 내용을 요약하고 피드백을 제공하는 등의 역량이 속한다.

관계/분위기 영역에는 지지적 분위기를 형성하고, 그룹의 참여를 촉진하여, 참여자들 간의 갈등을 조정하고, 상호 작용 방법에 대한 기본 규칙을 설정하여 구성원들이 이를 지키도록 하는 역량이 포함된다.

조직화 영역에는 토의를 설계하고 필요시 팔로우를 영입하는 역량이 포함되며, 윤리성에는 중립성 등 퍼실리테이터로서 지켜야 할 자세가 포함된다.

이와 같이 퍼실리테이터는 구성원들에게 효율적인 프로세스를 제안하고 중재자로서의 수행과 구성원들에게 필요한 전문 지식을 제공할 수 있어야 한다. 따라서 퍼실리테이터는 소통 전문가로서 리더, 중재자, 교수자의 역할이 요구된다.

2. 청소년 퍼실리테이터의 역량

1) 청소년 퍼실리테이터 역량의 기초 이해

역량(Competence)이란 특정한 지식과 기술을 사용할 수 있는 잠재력(Jacobs, 2002)이며, 직무를 수행하는 데 있어 우수한 성과자가 지니고 있는 개인의 내적 특성으로서 다양한 상황에서도 비교적 공통적이고 지속적으로 보여지는 행동, 지식, 기술, 가치관 등을 말한다.

역량 중에서 가장 기본적이고 필수적인 역량을 핵심 역량(Core competence)이라고 말하며, 핵심 역량의 보유 수준에 따라 수행 능력의 성과 정도가 달라질 수 있다.

청소년 퍼실리테이터는 높은 수준의 퍼실리테이션 성과를 내기 위하여 지녀야 할 기초 역량과 전문 역량을 충분히 지닐 수 있도록 앞으로 제시될 퍼실리테이터로서의 역량을 지속적으로 개발해 나가야 할 것이다.

한편 역량 모델(Competence Model)이란 특정한 직무의 성공적인 수행에 필수적인 지식, 기술, 능력, 행동을 제시하는 기법으로 특정한 전략, 수행 산출물, 대상의 관점에서 효과적인 수행을 하는 데 기여하는 가장 핵심적인 지식, 기술, 심리적 특성, 행동 등을 시각적, 언어적 표상으로 단순화한 내용 구조를 말한다.

전문성 영역의 하위 요소인 역량은 Barrie & Pace에 의하면 성과에 관해 사고하고 성과를 달성할 수 있는 능력으로, Morf는 직무와 관련된 구성원의 동기적 기질과 능력의 산물로서 직무를 수행하는 과정에서 새롭게 습득하는 지식과 새롭게 개발되는 기술을 포함시켜 말하고 있다.

2) 국제퍼실리테이터협회(International Association of Facilitator, IAF)의 퍼실리테이터 역량[145]

국제퍼실리테이터협회(IAF)는 전문적인 퍼실리테이션의 기술과 실천을 촉진하고 지원하며 발전시키기 위해 설립된 협회이다.

IAF는 퍼실리테이터에게 요구되는 역량을 협력적 고객 관계 형성, 적절한 그룹 프로세스 계획, 참여적 환경 조성 및 유지, 적절하고 유용한 결과 도출, 전문적 지식 생성 및 유지, 긍정적 태도와 전문적 자세 등으로 구분하고 각 역량에 따른 세부 사항을 제시하였다.

퍼실리테이터 역량

구분	역 량	세부 사항
1	합리적 고객 관계 형성	파트너십 개발, 고객 만족을 위한 설계와 고객 맞춤형 제시, 다양한 섹션의 이벤트 관리.
2	적절한 그룹 프로세스 계획	명확한 방법과 프로세스 선택, 그룹 프로세스 지원을 위한 시간과 공간 확보.
3	참여적 환경 조성 및 유지	효과적인 참여와 의사소통 기술을 보여 줌, 다양성 존중과 인정, 집단 갈등 관리, 집단 창조성을 일깨워 줌.
4	적절하고 유용한 결과 도출	명확한 방법과 프로세스와 함께 집단을 안내, 과업에 대한 집단의 자기 인식의 조력, 합의하고 원하는 결과가 되도록 안내.
5	전문적 지식 생성 및 유지	지식의 기초를 유지, 퍼실리테이션 방법의 범위를 안다, 전문가로서의 지위를 유지.
6	긍정적 태도와 전문적 자세	자기 평가와 자기 인식의 실천, 진정성을 갖고 행동, 집단 정체성을 믿고 중립성 모델 만듦.

3) 한국퍼실리테이터협회(KFA)의 퍼실리테이터 역량

한국퍼실리테이터협회(KFA)가 IAF퍼실리테이터 역량을 한국 실정에 맞도록 재규정하였다. 한국퍼실리테이터협회는 퍼실리테이션을 집단의 구성원들이 효과적인 기법과 절차에 따라 적극적으로 참여하고, 상호 작용을 촉진하여 목적을 달성하도록 돕는 활동으로 정의하였다.

퍼실리테이션 활동 분야는 회의 및 워크숍, 갈등 해결, 팀빌딩, 강의, 집단 코칭, 컨설팅이며 이러한 활동에서 전문성을 갖고 능숙하게 퍼실리테이션 활동을 하는 사람을 퍼실리테이터라고 하였다.

KFA 퍼실리테이터 역량

구분	역량	세부 사항
1	고객의 이해와 협력 형성	고객과 파트너십 형성 고객의 환경과 요구를 정확하게 이해
2	적절한 진행 계획의 수립	고객에 맞는 방법과 진행 절차를 선택 진행에 필요한 시간과 공간을 확보
3	창조적 환경 조성 및 유지	효과적 참여가 되도록 적절한 의사소통 방법 적용 다양성, 개방적 환경으로 참여 보장 그룹 내 갈등을 관리하여 합의 도출 그룹 에너지 창출과 창의적 사고 장려
4	적절하고 유용한 결과 도출	적절한 방법과 절차로 정확하게 진행 그룹이 목적을 인식하도록 지원 그룹이 합의를 이루고 기대한 결과를 달성하도록 지원
5	전문가로서의 능력과 태도	경영, 조직 개발, 집단 심리, 학습 이론 등 기반 지식을 갖춤 다양한 퍼실리테이션 방법 숙지 전문가로서 지속적으로 자기 개발 전문가로서의 자세와 품위 유지

4) 청소년 퍼실리테이터 역량 특성

청소년 퍼실리테이터는 청소년이 지니고 있는 가능성과 긍정성 그리고 미래의 희망성과 발전성에 대한 믿음의 눈을 반드시 가지고 있어야 한다. 그와 동시에 청소년 퍼실리테이터로서 가져야 할 기본 역량으로는 윤리성, 인격성, 전문성이 있다.

윤리성은 IAF의 가치 선언을 기반으로 하는 윤리 강령 8대 항목을 수용하고 있다.

먼저 가치 선언을 보면, "퍼실리테이터로서 우리는 개인과 그룹 공동의 지혜에 내재된 가치를 믿는다. 우리는 그룹이 그룹 구성원 각자의 참여를 최대한 이용하는 것을 도우려 노력한다. 우리는 우리의 개인적 의견을 문제 삼지 않고, 그룹의 권리를 지지해 그들의 선택을 돕는다. 우리는 협력적 상호 작용이 합의를 만들어 내고 의미 있는 결과를 배출해 낸다고 믿는다. 우리는 우리의 일을 개선할 수 있는 전문적인 협력에 가치를 둔다."라는 내용을 포함하고 있다.

청소년 퍼실리테이터의 윤리성(윤리 강령의 8대 항목)

① 고객 서비스 - 그룹 퍼실리테이션 기능을 이용하여 고객이 가치를 창출해 내도록 돕는 일을 한다.

② 이해의 상충 - 발생 가능한 이해 충돌 문제에 대해 마음을 터놓고 토론한다.

③ 그룹 자율성 - 그룹의 문화와 권리 그리고 자율성을 존중한다.

④ 프로세스 - 가장 적절한 방법과 도구를 선정하여 책임감 있게 프로세스와 방법, 도구를 사용한다.

⑤ 존중, 안정감, 공명, 신뢰 - 서로 존중하고 안심할 수 있는 환경 조성, 모든 참가자가 반드시 자신의 생각과 감정을 탐색하고 공유할

기회를 제공한다.

⑥ 프로세스 관리 – 프로세스 관리와 내용에 대해 공정성 있게 실행한다.

⑦ 기밀 – 고객의 모든 정보에 대한 기밀을 준수한다.

⑧ 전문성 개발 – 퍼실리테이션 기술과 지식을 개발해야 하는 책임감을 갖는다.146)

청소년 퍼실리테이터의 인격성

① 긍정성(기쁨, 낙관성)

② 자율성

③ 열정

④ 영성(자기 초월성, 자기 부인성, 중용성)

⑤ 존재적 사랑(존중, 경청)

⑥ 온유, 포용성, 인내

⑦ 협동, 배려

⑧ 정직, 성실

⑨ 공의, 책임감

청소년 퍼실리테이터의 전문성

지식, 기술, 태도 분야로 구분을 한다.

① 지식 분야 – 공감대화, 창의대화, 이미지 바꾸기 등 전문기법 지식, 인간의 철학적, 심리적, 사회 문화적 이해에 관한 종합 지식,

경영, 집단 역동 지식, 시대적 흐름에 대한 지식 등 앞장에서 언급한 이론적 배경 및 활용 분야에 대한 이해.

② 기술 분야 – 소통 스킬, 질문 스킬, 갈등 관리 스킬, 활력 유지 (에너자이저) 스킬, 방향 유지 조정 스킬, 의사 결정 스킬, 참여 증진 (아이스 브레이킹과 동기 부여) 스킬, 코칭(교육 학습) 스킬 등 다양한 퍼실리테이션 스킬 알고 적절한 활용.

③ 태도분야 – 인격적이고 전문가로서의 품위 있는 마음 자세, 중립성의 자세.

3. 청소년 퍼실리테이션의 기획 및 진행

모든 일은 만남에서 시작이 된다. 퍼실리테이션 역시 고객과의 만남으로 시작되는데 어떤 만남이든 첫 인상이 중요하다. 첫 만남 시간에 고객에게 퍼실리테이터에 대한 확신과 긍정적 이미지를 심어 주어야 한다. 고객에게 필요성을 강하게 심어줌으로 퍼실리테이션의 기획은 시작된다.

1) 기획 단계

기획에 있어 먼저 5P를 염두에 두어야 한다. 5P는 목적(Purpose), 참여자(Peoples), 장소(Place), 프로세스(Process), 결과물(Product)이다.

목적(Purpose)

모든 기획에 있어서 목적이 가장 우선시 되는 것처럼 퍼실리테이션 또한 목적을 무엇보다 먼저 그리고 중요하게 파악해야 한다. 목적에 따라서 이를 달성하기 위한 전체적인 구조나 방향이 달라지기 때문이다.

사람들(Peoples)

참여자가 어떤 사람들이냐에 따라 퍼실리테이션 도구의 사용과 해결 방법이 달라진다. 또한 참여자의 특성에 따라 동일한 주제라 하더라도 결과물이 다르게 나타난다. 참여자에 대한 사전 정보가 반드시 필요하다.

장소(Places)

장소에 따라 진행의 과정, 도구의 사용이 결정이 되며, 참여자의 참여도 또한 영향을 미친다.

무엇보다 퍼실리테이션 진행에 필요한 장비들이 잘 준비되어 있는지도 확인을 해야 한다.

프로세스(Process)

진행 과정은 목적을 잘 달성하기 위해 다양한 요소와 자원들을 어떤 방법과 절차로 엮을 것인지, 시간 배분은 어떻게 할 것인지, 어떤 기법과 양식을 사용할 것인지 등에 대해 총괄적으로 다루는 영역이다.

결과물(Product)

결과물이란 퍼실리테이션을 진행한 후 최종적으로 만들어진 산출물을 말한다. 결과물은 참여자뿐만 아니라 의뢰자까지 충족시켜야 좋은 결과물이라 할 수 있다.

2) 워크숍 디자인 단계

5P를 바탕으로 구체적인 워크숍 디자인을 시작해야 한다. 설계에는 크게 3단계로 구분해서 계획을 한다. 도입 단계, 진행 단계, 마무리 단계이다.

도입 단계

팀 활동을 위한 시작 단계로써 먼저 장소를 점검하여 자리 배치, 배경 음악, 방송시설, 프로젝트 등 준비물을 확인한다. 이어서 워크숍의 목적과 배경, 주제, 세부 진행 스케줄 안내, 인사말, 참여자들의 상호 소개, 구성원들 간에 활동 원칙 정하기, 역할 배분하기 등 순서에 맞게 진행한다. 팀을 토론 분위기로 이끌어 가기 위한 아이스 브레이킹(Ice Breaking)을 한다.

진행 단계

워크숍의 목표 달성을 위해 팀들이 본격적인 활동을 시작하여 참여자들이 아이디어를 개진하며 다루어야 할 주제에 대해 세부적인 절차와 활동을 통해 구체적인 결과물을 만들어 낸다.

이때 퍼실리테이터의 역할은 참여자들이 자유롭게 아이디어를 제시할 수 있도록 안전한 환경과, 활발한 소통과 의견 개진이 이뤄질 수 있도록 팀을 활성화하는 것이다.

진행 단계의 세부 과정은 대체로 아이디어의 확산과 분류, 분석 그리고 평가와 의사 결정의 순서로 이루어진다.

마무리 단계

이 단계는 정리 단계로 두 가지의 유형이 있다. 단계별 정리와 마무리 정리가 있다. 단계별 정리는 이어지는 다음 활동을 진행하기 위해 취해지는 정리이고, 마무리 정리는 워크숍 전체의 마무리를 위한 정리이다.

단계별 정리는 부분적인 정리에 해당되며, 이때 나온 의견들을 전체가 공유하면서 부족한 부분을 보완하기도 하고 더 좋은 의견 개진에 의해 다음 활동을 준비하기도 한다. 마무리 정리는 지금까지 진행된 퍼실리테이션에 의해 만들어진 의사 결정을 포함한 전체 과정을 마감한다. 활동 전반에 대해 각자가 느낀 점 혹은 개선점들을 자유롭게 얘기하면서 반성과 성찰로 이어지는 것이 일반적이다.

3) 청소년 퍼실리테이션 진행

일반적인 퍼실리테이션 진행은 다음과 같은 프로세스로 진행될 수 있다.

주제 설정하기

퍼실리테이터는 회의의 목적에 따라 몇 가지 의제를 준비할 수 있다. 퍼실리테이터는 회의 주최자, 그리고 참가자들과의 논의를 통해 자신이 준비한 의제가 적절한지 검토해야 한다.

준비하기

본격적인 퍼실리테이션을 시작하기 전의 준비 단계에서 퍼실리테이터는 퍼실리테이션의 목적, 퍼실리테이션을 통해 얻고자 하는 결과, 퍼실리테이션에 참가할 사람, 논의될 이슈, 어떤 단계로 퍼실리테이션이 진행될 것인지를 명확히 정의한다.

시작하기

이 단계에서 퍼실리테이터는 참가자들에게 퍼실리테이션의 목적과 결과물에 대해 알리고, 퍼실리테이션을 통해 얻을 수 있는 목표를 상상하게 하여 참가자들의 참여 의욕을 고취시킨다.

또한 퍼실리테이션에서 참가자들이 해야 될 역할의 중요성과 그들이 퍼실리테이션에 참석하도록 선택된 이유, 주어진 권한에 대해 설명한다.

질문하기

퍼실리테이션의 가장 중요하면서도 기본적인 도구는 질문이다. 퍼실리테이터는 퍼실리테이션 진행 초기에 참가자들에게 질문을 던지고 참가자들이 이에 대해 생각해 보게 함으로써 퍼실리테이션의 목적과 개인적 목표, 미팅에서 참가자들이 공통적으로 지켜야 할 원칙에 대해 분명히 할 수 있다. 또한 퍼실리테이터는 참가자들의 의도나 말한 내용이 명확하지 않을 때, 논의가 주제에서 벗어났거나, 참가자들이 반드시 고려해야 할 요소에 대해 논의하지 않을 때 이를 해결하기 위해 질문을 할 수 있다.

초점 맞추기

퍼실리테이터는 논의가 주제와는 다른 방향으로 흘러갈 때 혹은 새로운 날짜에 퍼실리테이션이 시작되거나 긴 휴식 시간이 지난 뒤 새롭게 퍼실리테이션을 시작하려 할 때, 참가자들에게 목적에 대해 재인식시키거나 논의의 진행 상황을 파악하게 하여 참가자들이 주제에 집중하게 한다.

기록하기

퍼실리테이터는 논의의 흐름을 파악하고 참가자들에게 논의된 사항에 대해 피드백해 주기 위해 중요한 내용을 기록해야 한다.

정보 수집하기

퍼실리테이터는 진행하면서 참가자들에게 다양한 방식의 질문을 던짐으로써 언급된 사항에 대한 자세한 정보를 얻고, 정보를 범주화하며, 문제 해결을 위한 방안을 도출하고, 해결 방안의 우선순위를 결정하도록 하는 활동을 한다.

역기능 관리하기

미팅의 역기능은 참가자들이 미팅에 대한 불만을 무의식적, 혹은 의식적으로 표출하는 것으로 미팅에 늦거나 입을 다물고 있는 것에서 시작해서 다른 참가자들을 비난하거나 미팅 장소를 떠나는 것까지 다양하게 표현된다. 퍼실리테이터는 이러한 증상들을 초기에 파악해서 역기능의 증상별 대처 방법을 사용해야 한다.

합의 구축하기

참가자들 모두가 지지하는 합의를 구축하기 위해서 퍼실리테이터는 적절한 의사 결정 방법을 선택하여 합의를 도출하도록 한다. 만약 참가자들의 의견이 쉽게 수렴되지 않는다면 그 원인을 파악하고, 원인에 따라 합의를 이끌어낼 수 있는 기법을 사용해야 한다.

에너지 수준 높게 유지하기

참가자들이 높은 에너지를 지니고 있으면 주제에 대한 토의가 활발히 이루어지고, 참가자들의 참여도가 높아진다.

또한 퍼실리테이터가 높은 에너지를 지니고 있는 것 역시 참가자들에게 미팅에서 다루는 이슈가 중요하다고 느끼게 하여 참여도를 높일 수 있다.

따라서 퍼실리테이터는 자신과 참가자의 에너지 수준을 주기적으로 점검하고, 에너지 수준이 낮아졌을 때 이를 높이기 위한 기법을 사용하는 것이 좋다.

마무리

퍼실리테이션을 종결하기 전에 퍼실리테이터는 논의된 의제와 결정된 사항, 참가자들의 목적이 달성되었는가에 대해 검토한다.

또한 활동을 통해 성취한 결과에 대해 평가하고, 공식적으로 종결되었음을 알리며, 퍼실리테이션 주최자에게 결과 및 보완점을 보고한다.

4. 청소년 퍼실리테이션의 평가

1) 청소년 퍼실리테이션의 평가

평가의 개념

평가(評價)란 영어로 evaluation으로 e+valuate '가치를 매기다'의 명사형이다. 사전적 의미로는 물건 값을 헤아려 매기거나 사물의 가치나 수준 따위를 평한다는 뜻을 내포하고 있다. 평가에 대한 개념은 문헌마다 조금씩 다르나, 양적 및 질적인 특성을 파악한 후 가치판단을 통하여 미래 방향을 설정해 주는 특징으로 설명된다.

청소년 퍼실리테이션 평가의 개념은 퍼실리테이션의 가치를 판단하는 일이며, 프로그램의 효과성이나 목적달성 여부에 대한 판단이다. 참여자가 퍼실리테이션을 어떻게 평가하는지, 그들이 내용을 이해했는지, 과정이 적절한 시기에 이루어졌는지의 여부에 대한 판단을 말한다.

프로그램 평가가 갖는 의미로서 Caffarella(1994)는 피드백을 제공하는 것이며, ① 프로그램 목표에 충실하게 함 ② 프로그램 개발에 대한 의사 결정을 위한 정보 제공 ③ 학습의 설계와 실천에 있어 개선할 사항 파악 ④ 프로그램에 대한 책무성 부여 ⑤ 프로그램의 주요 업적에 대한 자료 제공 ⑥ 미래 프로그램을 위한 개선 방향의 설정에 도움을 주는 것이라고 보고 있다.

2) 평가의 목적과 이유

일반적으로 평가를 하는 목적과 이유는 목표가 올바르게 달성되었는지를 알아보기 위해, 수행상의 일관성을 유지하기 위해, 목표를 향한 생동감 있는 추진력을 얻기 위해, 미완 된 부분의 결함을 수정하기 위해, 비현실적 목표, 불충분한 자원, 비합리적 방법과 단계의 수정을 위해, 재계획을 수립하기 위해, 다음 계획의 효율적·효과적 수행에 도움이 되는 자료를 얻기 위해, 더 높은 목표를 설정하기 위한 지침을 얻기 위해 실시된다.

즉 청소년 퍼실리테이션 평가는 공감과 소통, 학교 자치, 민주 시민 양성을 위해 디자인한 퍼실리테이션의 설계 목적이 훌륭히 달성되었는지의 여부와 그 수준을 점검하고, 목표를 향한 일관성 있고 생동감 있는 전개를 도모하는 동시에, 효율적이며 효과적인 미래에 보다 나은 퍼실리테이션 수행을 위한 자료와 지침을 얻기 위해 실시한다.

3) 평가의 종류와 유형의 일반 이해

평가의 종류와 유형은 구분 기준에 따라 다양하게 나누어 볼 수 있으며, 시기별로는 진단 평가, 과정 평가(수행평가), 결과 평가로 나누어지고 범위를 기준으로 부분 평가, 전체 평가, 내용 평가, 방법 평가로 구분되며 대상별로는 개인 평가, 집단 평가, 기관 평가 등이 있다.

준거 체계의 기준은 객관적 평가와 주관적 평가, 상대적 평가와 절대적 평가로 구분되고, 수준별로는 질적 평가, 양적 평가, 다면적 평가, 일방향 평가 등으로 나누어진다.

4) 평가의 일반 지침

평가의 일반 지침은 평가의 목적과 내용과 방법에 관한 3가지 관점에 연결된다.

① 평가의 목적(Why의 논리): 왜 이 평가를 하는 것인가? - 평가의 이유, 당위적 필요성.
② 평가의 내용(what의 논리): 무엇을 평가할 것인가? - 평가 대상, 평가 요소, 항목, 지표.
③ 평가의 방법(How의 논리): 어떻게 평가할 것인가? - 평가자,

평가 시기, 평가 절차.

5) 청소년 퍼실리테이션의 좋은 평가 3가지 근거

좋은 평가를 위한 3가지 기준은 타당도, 신뢰도, 실용도 등이다.

타당도 (validity)

퍼실리테이션 활동의 중요 포인트를 대표할 수 있는 핵심 요인을 중심으로 평가 내용을 구성하여 실시하는 것이다. 타당도는 목표와의 연관성이 중요하다. 즉 잴 것을 재고 있는지에 대한 논점이다. 예를 들어 몸무게를 재는 데 줄자를 사용한다든지 키를 재는 데 저울을 사용하는 것은 타당도가 없음을 의미하며 몸무게는 저울로, 키는 줄자로 재어야 타당도가 있는 것이다.

신뢰도 (reliability)

신뢰도는 평가자의 시간과 장소와 환경에 따라 평가 점수가 유사하느냐의 정도를 말한다. 즉 같은 평가 대상을 두고 아침과 저녁, 식후와 식전, 오늘과 내일이 차이가 많이 나면 신뢰할 수 있는 평가가 될 수 없다. 즉, 나아가 서로 다른 평가자가 평가해도 상호 일관된 평가 결과가 제시되어야 신뢰도가 확보된다.

실용성 (practicality)

평가는 시간과 에너지 그리고 비용이라는 노력이 많이 소요되는 전문 활동이다. 그러므로 평가의 가치가 매우 유용한 것이어야 하며 평가 시스템 운영 시 비용보다 활용을 통해 얻는 혜택이 더 커야 실용적이 된다.

6) 청소년 퍼실리테이션의 프로그램 평가

청소년 퍼실리테이션 프로그램 평가를 위해서는 평가를 위한 설계가 이루어져야 하며, 평가의 설계는 평가 목표의 설정, 평가 내용과 기준점, 평가 방법(일자/시간/규모/방법) 등이 해당된다.

설정된 목적과 목표에서 제시한 구체적인 행동을 평가할 장면에서 활용될 양호한 평가 도구가 제작 또는 선정된 다음에는, 학습자들의 행동 변화의 증거를 실질적으로 확인하는 구체적인 평가 활동을 실시한다. 평가에 참여할 사람을 확보하여 평가 주체와 관련자에 대한 평가 동의와 함께 평가를 실시하되 연구자가 연구 목적에만 사용할 것이라는 확신을 주며, 응답자의 익명성을 보장한다.

퍼실리테이션 평가

퍼실리테이션 프로그램 평가에서는 참여자 평가와 퍼실리테이터 평가가 있다. 평가의 준거는 다음과 같다.

세부적인 평가 질문의 주제들

① 퍼실리테이션의 목표는 명확하게 설정되었는가?
② 퍼실리테이션을 위한 사전 운영 계획이 적절했는가?

③ 퍼실리테이션의 운영 시간과 장소가 적절했는가?

④ 퍼실리테이터는 적합한 자료 및 매체를 활용하였는가?

⑤ 퍼실리테이션의 내용이 충분히 흥미를 끌 수 있게 구성되었는가?

⑥ 퍼실리테이션을 마친 후 긍정적인 효과가 있었는가?

⑦ 퍼실리테이션에 대한 전반적인 만족도는 어떠한가?

7) 청소년 퍼실리테이터 역량중심 평가(KSA)

청소년 퍼실리테이터는 청소년 퍼실리테이션 실제의 현장에서 청소년을 대상으로 가치 창출을 해낼 수 있도록 촉진하는 전문가이다.

이를 위해서는 기본적으로 역량이 필요하며, 본 청소년퍼실리테이터협회에서는 핵심 역량을 청소년 이해 역량, 개인별 특성 이해 역량, 퍼실리테이션 설계 역량, 퍼실리테이션 진행 역량, 퍼실리테이션 평가 역량, 청소년 퍼실리테이터로서의 인성과 윤리성 역량 등의 6가지 역량 주제로 구분하여 설정한다.

각 역량 주제에는 지식, 기술, 태도의 3가지 역량 항목으로 구성되어 있다.

청소년의 이해 역량

① 청소년에 대한 지식(K)

② 청소년과의 관계 기술(S)

③ 청소년 사랑하기(A)

개인별 특성 이해 역량

① 개인 특성 파악에 대한 지식(K)

② 개인 특성별 관계 기술(S)

③ 개인의 가능성에 대한 긍정적 태도(A)

퍼실리테이션 설계 역량

① 퍼실리테이션 설계에 대한 전반적인 지식(K)

② 퍼실리테이션 설계(기획) 기술(S)

③ 퍼실리테이션 설계에 대한 통합적, 창의적 관점(A)

퍼실리테이션 진행 역량

① 퍼실리테이션 진행 지식(K)

② 집단 관계 기술(S)

③ 집단의 가능성에 대한 긍정적 태도(A)

퍼실리테이션 평가 역량

① 퍼실리테이션 평가에 대한 지식(K)

② 평가에 대한 양적, 질적 기술(S)

③ 평가 목적에 대한 진취적 태도(A)

청소년 퍼실리테이터 인성 · 윤리성

① 인성 · 윤리성 지식(K)

② 인성 · 윤리성 기술(S)

③ 인성 · 윤리성 태도(A)

한국청소년퍼실리테이터협회 연혁

2016년

- 공감과 소통의 퍼실리테이션 공개강좌(앰배서더 호텔 신좌섭 퍼실리테이터)
- 1차 공감과 소통의 청소년 퍼실리테이션 2급 자격과정
- 한국청소년봉사단연맹 전국 고등학교 대표들을 위한 "공감과 소통의 청소년 리더십 캠프"(동신중학교에서 학생 180명, 신좌섭 외 퍼실리테이터 20명)
- 한국청소년봉사단연맹 고등학교 학부모를 위한 "공감과 소통의 퍼실리테이션"(동신중학교 학부모 30명, 안만호, 오순옥 퍼실리테이터)
- 2차 공감과 소통의 청소년 퍼실리테이션 2급 자격과정
- 1차 순천지역 공감과 소통의 퍼실리테이션(안만호, 오순옥, 조홍범, 정철우 퍼실리테이터)
- 2차 순천지역 공감과 소통의 퍼실리테이션(안만호, 오순옥, 조홍범, 정철우 퍼실리테이터)

2017년

- 3차 공감과 소통의 청소년 퍼실리테이션 2급 자격과정
- 한국청소년봉사단연맹 중학생 학부모를 위한 "공감과 소통의 퍼실리테이션"(동신중학교 학부모 30명, 안만호, 오순옥 퍼실리테이터)
- 한국청소년봉사단연맹 전국 중학교 대표들을 위한 "공감과 소통의 청소년 리더십 캠프"(동신중학교에서 학생 180명, 신좌섭 외 퍼실리테이터 20명)
- 1차 퍼실리테이션 인성 컨퍼런스
- 4차 공감과 소통의 청소년 퍼실리테이션 2급 자격과정
- 3차 순천지역 공감과 소통의 퍼실리테이션(안만호, 오순옥, 조홍범, 정철우 퍼실리테이터)
- 미얀마 양곤지역 대학생을 위한 공감과 소통의 퍼실리테이션(안만호, 오순옥 퍼실리테이터)
- 4차 순천지역 공감과 소통의 퍼실리테이션(안만호, 오순옥, 조홍범, 정철우 퍼실리테이터)
- 1차 광주수문초등학교 인성과 진로 퍼실리테이션 캠프
- 서울 강월초등학교 퍼실리테이션 동아리 활동
- 주니어 퍼실레티이션 장학생 교육
- 1차 미얀마 타무지역 중고등학교 교사를 위한 공감과 소통의 퍼실리테이션
- 청소년 퍼실리테이션 인성 교과서 집필 시작

2018년

- 5차 공감과 소통의 청소년 퍼실리테이션 2급 자격과정
- 2차 광주수문초등학교 인성과 진로 퍼실리테이션 캠프
- 1차 광주산수초등학교 인성과 진로 퍼실리테이션 캠프
- 서울 강월초등학교 퍼실리테이션 동아리 활동
- 주니어 퍼실레티이션 장학생 교육
- 대학생 퍼실리테이터 양성 교육
- 2차 퍼실리테이션 인성 컨퍼런스
- 서울 동부지역 교사 직무 연수
- 6차 공감과 소통의 청소년 퍼실리테이션 2급 자격과정
- 혜화경찰서 의경을 위한 공감과 소통의 퍼실리테이션
- 2차 미얀마 타무지역 중고등학교 교사를 위한 공감과 소통의 퍼실리테이션
- 중국 쿤밍 국제학교 교사를 위한 공감과 소통의 퍼실리테이션
- 중국바오터우시 지역 교사를 위한 퍼실리테이션
- 충주지역교회 목회자를 위한 1차 교회 퍼실리테이션
- 청소년 퍼실리테이션 인성 교과서 집필 진행

2019년

- 7차 공감과 소통의 청소년 퍼실리테이션 2급 자격과정
- 송정중앙초등학교 인성과 진로 퍼실리테이션 캠프

- 2차 광주산수초등학교 인성과 진로 퍼실리테이션 캠프
- 용마중학교 인성과 진로 퍼실리테이션 캠프
- 용마중학교 학부모 공감과 소통의 퍼실리테이션 캠프
- 서울 강월초등학교 주니어 퍼실리테이터 양성 과정
- 3차 퍼실리테이션 인성 컨퍼런스
- 충주지역교회 목회자를 위한 2차 교회 퍼실리테이션
- 8차 공감과 소통의 청소년 퍼실리테이션 2급 자격과정
- 초록꿈터(고아원) 진로 퍼실리테이션
- 서울 동부지역 교사 직무 연수
- 주니어 퍼실레테이터 장학생 교육
- 대학생 퍼실리테이터 양성 교육
- 서울 신학교 교회 퍼실리테이션 2019년 봄학기
- 목회자를 위한 공감과 소통의 퍼실리테이션(성결교단)
- 1차 미얀마 타무지역 중고등학교 교사를 위한 공감과 소통의 리더십 퍼실리테이션
- 충주지역교회 목회자를 3차 교회 퍼실리테이션
- 호평중학교 학교 자치 퍼실리테이션
- 해리고등학교 학생 자치 퍼실리테이션
- 상봉중학교 퍼실리테이션 역량 교육
- 대구공업고등학교 학생 자치 퍼실리테이션
- 다온중학교 학생 자치 퍼실리테이션
- 화홍고등학교 국제동아리 워크숍 퍼실리테이션
- 부안여자고등학교 학교 자치 퍼실리테이션

· 양산중학교 학생회장단 자치 역량 퍼실리테이션
· 청소년 퍼실리테이션 인성 교과서 집필 진행

2020년

· 2차 미얀마 타무지역 중고등학교 교사를 위한 공감과 소통의 리
더십 퍼실리테이션

2021년

· 공감과 소통의 청소년 퍼실리테이션 입문 출판
· 공감과 소통의 청소년 퍼실리테이션 활용 출판
· 공감과 소통의 청소년 퍼실리테이션 인성 출판

저자 프로필

박 점 식

- YF 한국청소년퍼실리테이터협회 사무총장
- 반석교회 목사

6년 전 경기도 안산에 있는 한증막 세미나실에서 신좌섭 교수님의 퍼실리테이션을 접하면서, 공감하고 소통하며 더불어 살아가는 세상을 꿈꾸었다. 건강한 사회를 위해 청소년들이 함께 참여하고 합의하는 것이 필요함을 절감하면서 청소년들에게 퍼실리테이션 보급을 위해 힘쓰고 있다.

양 혜 진

- YF 한국청소년퍼실리테이터협회 이사
- 전주 서곡중학교 교사

근무하던 학교에서 학생 자치회를 이끌면서, '왜 교사가 학생 자치회를 이끌어야 하지? 당사자 아닌 누군가가 이끄는 자치회가 자치회인가?'라는 의문이 들었다. 퍼실리테이션이 고민을 해결해 주었다. 지금은 퍼실리테이션으로 학생 자치를 실현하고 있다. 교사를 넘어 청소년 퍼실리테이터로 활동하기를 소망한다.

안 창 호
- YF 한국청소년퍼실리테이터협회 교육팀장
- 두중라무역 대표

집단에서 중요한 일을 결정할 때 다수결에 의해 소수의 의견이 묵살되는 것이 싫었다. 퍼실리테이션으로 모두의 의견을 모아 합의하는 방법에 푹 빠져들었다. 삼 남매의 아버지로서 장차 아이들이 살아갈 이 나라가 지금보다 좋아지는 방법이 청소년기에 퍼실리테이션을 삶에 대입시키는 것이라 믿고, 청소년 퍼실리테이터가 되었다.

권 태 남
- YF 한국청소년퍼실리테이터협회 본부장
- 누리나래교육원 교수

다년간 청소년 자원봉사활동을 해오면서 청소년들이 자신의 생각을 제대로 표현하지 못하고 상호 소통하지 못해 합의를 도출하지 못하는 것을 목격했다. 무언가 도움이 될 프로그램이 있었으면 좋겠다고 생각하던 중 학생들과 함께하는 퍼실리테이션에 참여했던 것이 계기가 되어 퍼실리테이터의 역할이 중요함을 느끼고 함께하게 되었다.

전 준 성
- YF 한국청소년퍼실리테이터협회 E팀장
- YOLO족

공감과 소통을 메인으로 하는 퍼실리테이션! 나름 또래들과 공감 소통을 잘한다고 자부하던 나는 퍼실리테이션을 통해 새로운 경험을 하게 되었고, 이 경험들을 나 혼자 알기 아까워 다른 청소년들에게도 그 기쁨을 알려주고 싶어 이 책에 한 줄을 보탠다.

김 향 란

- YF 한국청소년퍼실리테이터협회 학술팀장
- 서울경찰청 경감

청소년 업무를 담당하며 학교 폭력 예방, 비행 청소년 선도 프로그램 등을 진행하면서 소통과 공감하는 청소년 문화의 필요성을 느꼈고, 신좌섭 교수님의 퍼실리테이션 강의를 들으며 창의성을 바탕으로 한 세상을 신뢰하고 소통하며 미래를 열어갈 청소년들이 세계의 시민으로 성장하기를 바라며 청소년 퍼실리테이터로서의 역할에 기여하고자 한다.

박 승 오

- YF 한국청소년퍼실리테이터협회 협력팀장
- 라인플러스 대표

교육 컨설팅 회사에서 가족 캠프와 청소년 리더십 캠프를 운영하면서 올바른 인성과 대화 방법, 리더십 역량을 청소년기부터 만들어 가면 좋을 것이라고 생각하게 되었다. 그런 의미에서 인성 및 청소년 퍼실리테이션은 긍정적이고 건강한 주체성을 가진 청소년으로 성장하는 데 큰 도움이 될 것이라고 생각한다.

정 득 진

- YF 한국청소년퍼실리테이터협회 자문
- 한양사이버대학교 교수

서울대학교에서 학문을 닦고 있을 때 존경스러운 교수님을 만나게 되었다. 은사가 되신 교수님은 너무나 자상하게 가르쳐 주셔서 나는 너무 감동했다. 그것이 무엇인가를 이제야 알고 보니 바로 소통과 공감스킬이었다. 그리고 이 두 아름다운 값진 보석을 다루는 분이 퍼실리테이터였고, 나는 빛나는 그 퍼실리테이터가 되었다.

오 순 옥

- YF 한국청소년퍼실리테이터협회 대표
- 빛과나눔장학협회 사무총장

사업을 하면서 혼자 결정하고 혼자 실행하는 것이 익숙하고 편했다. 그러다 공동체에 소속이 되면서 익숙했던 개인적 의사 결정이 독단이 됨을 알고 고민하던 차에, 신좌섭 교수님을 통해 퍼실리테이션을 접하게 되었다. 비로소 함께 살아가는 사람들과 공감하고 소통하여 합의해가는 즐거움을 맛보았다.

안 만 호

- YF 한국청소년퍼실리테이터협회 대표
- 새광염교회 담임목사

청소년기에 훌륭한 스승들을 만나 좋은 가르침을 받았다. 청소년들에게 은혜 갚을 생각을 했다. 신좌섭 교수님을 통해 퍼실리테이션을 만나게 되었다. 우리 이쁜 청소년들이 공감하고 소통하여 참여 시민 사회를 열어가는 데 징검다리 하나 놓고 싶다.

편집후기

우리는 신좌섭 교수님으로부터 퍼실리테이션을 배우면서, 청소년 퍼실리테이터가 되어 대한민국 청소년들이 공감으로 소통해 가며 합의해 나가는 참여시민사회를 열어가는 데 씨앗 하나 뿌려 보자는 것과 청소년 퍼실리테이션 교과서를 만들어 보급하자는 두 가지 목표를 세웠습니다.

2016년 초부터 4년 동안 학교 청소년들과, 학교 교사들과, 해외 청소년, 교사들과, 청소년 퍼실리테이터 지망생들을 대상으로 퍼실리테이션 활동을 하면서 틈틈이 현장 경험을 분석하고, 연구하고, 자료를 수집하였습니다.

2020년은 그동안의 퍼실리테이션 현장 경험과 자료를 정리할 절호의 기회였습니다. 전세계를 휩쓴 코로나19로 현장에서 퍼실리테이션을 진행하기 어려웠기 때문입니다. 3년 전부터 준비해 오던 청소년 퍼실리테이션 시리즈를 금년에 발간하기로 하고, 공저자들과 분담하여 1년 동안 꼬박 저술에 매달렸습니다.

한국에 청소년 퍼실리테이션 분야의 책이 전혀 없는 상황에서, 이번에 '청소년 퍼실리테이션 입문', '청소년 퍼실리테이션 활용', '청소년 퍼실리테이션 인성' 등 3권을 동시에 발간하게 되니, 그 감격을 이루 말할 수 없습니다.

　이 책이 세상에 탄생할 수 있도록 가르침과 동기를 주시고, 우리들로 하여금 오직 비영리 청소년 퍼실리터이터의 길을 가라고 권해 주시고, 발문을 써 주신 서울의대 신좌섭 교수님께 깊은 감사를 드리며, 함께한 동료 퍼실리테이터들에게 심심한 감사를 전하고, 이 책을 읽어 주신 독자들께 고마움을 전하며, 다음에는 '365 퍼실리테이션'으로 찾아뵙겠습니다. 감사합니다.

　　　　　　2021년 1월 새해를 맞이하며
　　　　　　편집부 안만호, 오순옥, 박점식

1) 월간 HR Insight, 2017,10. 신좌섭.

2) 박현모, 『600년 전 세종은 '경영학의 교과서'』, 동아 비즈니스리뷰 254호, 2018, 8.

3) 위키피디아 '국제퍼실리테이터협회(IAF)' 항목.

4) 2012년 위키피디아의 IAF 항목 내용인데, 지금은 삭제되었다.

5) 위키백과.

6) 한상철, 『청소년학』, 서울: 학지사, 2004, p.98.

7) 오윤선, 『청소년의 이해와 상담』, 서울: 예영, 2010, p.132.

8) 민영순, 『일반심리학』, 서울: 교육사, 1982, p.360.

9) 이금만, 『발달심리와 신앙교육』, 서울: 상담과 치유, 2008, p.92.

10) 패트리샤 애버딘, 『메가트렌드 2010』, 윤여중 역, 청림출판, pp.33-34.

11) 전정희, "영성 지능과 주관적 행복감의 상관관계 연구", 2010, 창원대 대학원 석사학위논문, p.10.

12) 고삭 슈헤이, 방준필 역, 『함께 가보는 철학사 여행』, 사민각, 1984, p.33.

13) 전정희, op.cit., p.14.

14) ibid.

15) 위키백과

16) 국가 청소년 위원회, 『2020 미래사회와 청소년 연구 I』, 2006, p.64.

17) 대홍기획 블로그 https://blog.daehong.com.

18) 김훈태, "청소년의 연예인 우상화의 원인, 행동유형 및 수준에 관한 연구", 2003, 한서대학교 교육대학원 석사학위논문, pp.4-7.

19) 정재민, "청소년문화의 탈 하위문화 현상에 관한 일 연구", 2008, 명지대학교 대학원 박사학위논문, p.34.

20) 이상억 외9인, 『목회상담 실천 입문』, 서울: 학지사, 2009, p.68.

21) Carl R. Rogers, "Empathic: An Unappreciated Way of Being" The Counseling Psychologist Vol.5, 1975, p.4.

22) 경은경, "공감 화법의 실태와 교육 방안 연구", 인하대학교 대학원 박사학위논문, 2015, pp.114-117.

23) Ibid, pp.21-22.

24) 정상섭, "공감적 화법 교육 연구", 한국교원대학교 대학원, 박사학위논문, 2006, pp.56-63.

25) 전은주, 『말하기 듣기 교육론』, 서울: 박이정, 1999, p.221.

26) 김영임, 『스피치커뮤니케이션』, 서울: 나남, 1998, p.34.

27) 박성희, 『공감학-어제와 오늘』, 서울: 학지사, 2004, p.50.

28) 김성지, "치료적 공감에서의 심상 시뮬레이션 효과", 가톨릭 대학교대학원 박사학위논문, 2018, p.12.

29) Ibid., p.16.

30) 이정미, "의사소통", 경인대 교육대학원 석사학위논문, 2013, p.7.

31) 위키백과.

32) 이남인, 『현상학과 해석학』, 서울대학교출판부, 2004, p.22.

33) 최우석, "후설의 현상학적 윤리학", 경희대학교 대학원 박사학위

논문, 2019, p.25.

34) 김동민, "후설 현상학에서 판단중지 개념", 경희대학교 대학원 석사학위논문, 2019, pp.8-14.

35) 나무위키백과

36) 최우석, op.cit., pp.42-46.

37) 박미선, "성격유형에 따른 감성지능, 심리적 웰빙, 직무성과 간의 인과관계연구", 경희대학교 대학원 박사학위논문, 2011, p.9.

38) 임득연, "성격유형프로그램이 사회복지사의 생애만족과 심리적 안녕감에 미치는 효과", 서울벤처정보대학원대학교, 박사학위논문, 2010, pp.11-12.

39) 백수민, "성격특성과 셀프리더십이 직무열의와 이직 의도에 미치는 영향", 호서대학교 벤처대학원 박사학위논문, 2017, p.9.

40) 임득연, op.cit., p.13.

41) 백수민, op.cit., p.11.

42) Ibid.

43) 임득연, op.cit., p.15.

44) Ibid., p.14.

45) ibid., p.20.

46) Sandy Schuman, The IAF Handbook of Group Facillitation, Jossey-Bass Inc Pub, 2005, pp.36-38.

47) 윤소민, "집단 상담의 치료적 요인 탐색 및 척도 개발", 경희대학교 대학원 박사학위논문, 2015, p.7.

48) 천성문 외4인, 『상담심리학의 이론과 실제』, 서울: 학지사, 2006,

p.473.

49) Ibid.

50) Marianne Schneider Corey 외, 『집단상담 과정과 실제』, 김진 숙 외 역, 서울: 센게이지러닝코리아, 2016, pp.5-11.

51) 천성문 외4인, op.cit., pp.479-485.

52) Ibid., p.468.

53) Ibid., p.487.

54) 이장호 외2인, 『상담심리학의 기초』, 서울: 학지사, 2005, p.339.

55) 김진혁, "참여적 의사 결정이 직무 만족에 미치는 영향에 관한 연구", 원광대학교 대학원 박사학위논문, 2010, p.9.

56) Ibid.

57) 주상우, "임파워링 리더십이 참여적 의사 결정에 미치는 영향", 호남대학교 대학원 박사학위논문, 2020, p.29.

58) 박상희, "참여적 의사 결정이 팀 창의성에 미치는 영향", 호남대 학교 대학원 석사학위논문, 2020, p.12. 재인용.

59) Ibid., p.13. 요약정리.

60) Sam Kaner 외, op.cit., pp.46-51.

61) 지속가능발전 위원회, "공공갈등과 참여적 의사 결정포럼" 자료 집, 2005, pp.9-11.

62) https://blog.naver.com/chloe0911/220913202489

63) 이승택, "한국 헌법과 민주공화국", 고려대학교 대학원 박사학위 논문, 2013, pp.268-269.

64) 김준성, "참여 및 숙의민주주의 관점에서 본 학교 민주주의다",

전남대학교 대학원 박사학위논문, 2019, p.10.

    65) 연합뉴스, 2017-03-16 기사.

    66) 김준성, op.cit., pp.16-17.

    67) Ibid.

    68) Ibid., p.18.

    69) Ibid.

    70) Ibid., p.19.

    71) Ibid.

    72) Ibid., p.21.

    73) 백규호, "학교 자치 입법정신의 규명과 법인식 분석", 제주대학교 대학원 박사학위논문, 2017, p.218.

    74) 김성천 외, 『학교 자치』, 서울: 즐거운 학교, 2018, pp.101-102.

    75) Ibid., p.165.

    76) Ibid., p.183.

    77) Ibid., p.187.

    78) 경향신문 2020. 9월 7일, 정동칼럼 하수정 북유럽연구자.

    79) 우종수, "질문 생성 전략이 초등학생의 인지적 능력 과 정의적 특성에 미치는 효과", 카톨릭 대학교 대학원 석사학위논문, 2013, p.18.

    80) Cary R. Collins, 『코칭바이블』, 양형주 외 역, 서울: IVP, 2011, p.133.

    81) 진건명, "국제무역협상에서 적극적 경청의 win-win 효과에 대한 연구", 창원대학교 석사학위논문, 2012, p.12.

    82) 진건명, op.cit., p.48.

83) Ibid., pp.32-33.

84) 심금순, "교사가 지각하는 학교활력의 영향요인 탐색", 건국대학교 대학원 박사학위논문, 2014, p.13.

85) 이재덕, "학교활력 진단도구 개발과 유형의 특성", 서울대학교 대학원 박사학위논문, 2010, p.13.

86) Ibid., p.18.

87) Ibid., pp.33-35.

88) 오우식, 『퍼실리테이션 개론』, 서울: 조명문화사, 2017, p.129.

89) Ibid., p.133.

90) Sam Kaner 외, op.cit., p.90.

91) 호리기미토시 외, 『생각표현하기 트레이닝』, 김경섭 역, 서울 : 3mecca, 2011, pp.25-31.

92) Ibid., pp.38-46.

93) Ibid., pp.48-57.

94) 위키백과

95) 유봉현, "브레인스토밍 기법이 창의적 사고력 증진에 미치는 영향에 관한 실험연구", 연세대학교대학원 박사학위논문, 2000, p.39.

96) 박정옥, "유아의 창의성 및 정서지능을 위한 브레인스토밍 활동의 효과", 동덕여자대학교 대학원 박사학위논문, 2007, pp.8-9.

97) Ibid., p.10.

98) Ibid., pp.11-12.

99) 유봉현, op.cit., p.48.

100) 박정옥, op.cit., p.13.

101) 위키백과

102) Ibid.

103) 배균기, "지역농업계획의 전략적 기획과 의사 결정 연구", 전북대학교 대학원 박사학위논문, 2018, p.44.

104) 윤기혁 외, "노인요양시설의 위험관리시스템 구축활동에 액션플랜의 수립과 실행에 따른 성과와 시사점", 한국콘텐츠학회논문지 16 Vol, 201, p.311.

105) 신좌섭, "facilitated planning", 강의록, 2016, p.15.

106) Gary Collins, op.cit., p.28.

107) 폴정, 『폴정의 코칭 설명서』, 고양: 아시아코칭센터, 2009, p.18.

108) Gary Collins, op.cit., p.133.

109) 김종명 외 3인, 『코칭 방정식』, 서울: 정우서적, 2012, p.76.

110) Ibid., p.94.

111) 류재석, 『멘토링의 원리와 적용 방법론』, 서울: 한국멘토링연구소, 2001, pp.21-22.

112) 류재석, 『멘토링 원리와 시스템 이해』, 서울: 한국멘토링연구소, 2001, p.6.

113) 류재석, 『멘토링의 원리와 적용 방법론』, 서울: 한국멘토링연구소, 2001, p.4.

114) 황영선, "성경적 지도자 교육 방법으로서의 멘토링에 관한 연구", 총신대학교 대학원 석사학위논문, 2002, p.11.

115) 류재석, 『멘토링목회경쟁력 탄생』, 경기: 이담, 2010, pp.119-120.

116) 류재석, 『멘토양성 12가지 법칙』, 서울: 한국멘토링연구소, 2001,

p.7.

117) 양훈, "레스토랑 오너쉐프의 거래적 리더십에 따른 임파워먼트가 조직유효성에 미치는 영향", 경기대학교 대학원 석사학위논문, 2016, pp.7-8.

118) 박정길, "외식업체 중간관리자의 리더십 유형에 따른 종사원의 조직시민행동과 조직유효성에 미치는 영향", 한성대학교 대학원 석사학위논문, 2018, p.9.

119) HRD 용어사전.

120) 김성동, "리더십 유형이 집단적·개별적 성과에 미치는 영향에 관한 연구: 호텔조직을 중심으로", 경기대학교 대학원 박사학위논문, 2003, p.10.

121) Ibid.

122) 이유성, "프로스포츠 구단 최고경영자 리더십과 조직몰입 및 직무만족의 관계", 연세대학교 대학원 박사학위논문, 2009, p.11.

123) 김학재, "운동선수들이 지각한 지도자의 변혁적·거래적 리더십과 운동동기 및 조직몰입간의 인과관계분석", 제주대학교 교육대학원 석사학위논문, 2010, p.32.

124) 김은희, "조직내의 리더십과 조직문화가 조직 유효성에 미치는 영향에 관한 연구", 연세대학교 정경대학원 석사학위논문, 2003, pp.14-15.

125) 송덕현, "리더십 유형이 조직성과에 미치는 영향 : 모바일오피스 근무 방식의 조절효과를 중심으로", 고려대학교 경정보대학원 석사학위논문, 2010, p.11.

126) 정형일·임대성, "거래적·변혁적 리더십과 팔로워십이 조직몰입

에 미치는 영향에 관한 연구", 『경영논총』 31, 2010, pp.49-71.

127) 박정길, op.cit., p.19.

128) 임창희, 『조직행동』, 서울: 비엔엠북스, 2008, pp.447.

129) Ibid., pp.453-454.

130) 박선동, "조직문화가 직무만족과 조직몰입에 미치는 영향에 관한 연구: 갈등의 매개역할", 경남대학교 경영대학원 석사학위논문, 2006, p.26.

131) Ibid., p.27.

132) 조현홍, "조직 내 대인간 갈등의 선행 요인과 결과 요인에 관한 연구", 경기대학교 대학원, 2011, p.17.

133) Ibid., p.18.

134) Ibid., p.20.

135) 이영봉, "조직 내 갈등 관리전략이 조직유효성에 미치는 영향에 관한 연구", 경원대학교 대학원 박사학위논문, 2011, p.29.

136) 김옥자, "초등교사의 갈등 관리유형과 갈등요인 및 학교조직효과성의 관련성 탐색", 건국대학교대학원 박사학위논문, 2018, p.28.

137) 이영봉, op.cit., p.48.

138) 조은진, "갈등 관리 유형이 혁신행동에 미치는 영향에 관한 연구", 부산대학교 대학원 석사학위논문, 2009, p.18.

139) Ibid., p.16.

140) 김옥자, op.cit., p.28.

141) 신좌섭, Facilitative Leadership, 2016, 강의집.

142) 오우식, op.cit., pp.48-51.

143) Clawson, V. K., & Bostrom, R.(1996). Research driven facilitation trainingfor computer supported environments. Group Decision and Negotiation, 5, 13.

144) Schwarz, R. M.(2002). The skilled facilitator: A comprehensive resource forconsultants, facilitators, managers, trainers, and coaches (2nd ed.). 41.

145) 국제퍼실리테이터협회(IAF). 2012. http://www.iaf-world.org/index/Certification/Competenciesfor Certification. aspx에서 인출.

146) Dale Hunter, Hamish Brown, 『그룹시너지창출 퍼실리테이션』, 정혜선 역, 서울: 시그마프레스, 2012, pp.155-158.

공감과 소통 시리즈1
청소년 퍼실리테이션 입문

1판 1쇄 발행 2021년 1월 25일

지은이 박점식 양혜진 안창호 권태남 전준성
　　　　김향란 박승오 정득진 오순옥 안만호
펴낸이 이규학

펴낸곳 둘셋손잡고
등록 2019년 5월 24일 제 353-2019-000010호

주소 인천광역시 남동구 문화서로 65번길 10-5 1층(구월동)
이메일 seunglee1218@nate.com
☎ 032) 421-1311

정가 15,000**원**

판권 본사 소유

ISBN 979-11-968161-7-9-43120